AF544493

GRöLS
Verlage

„Bücher sind wie Fallschirme. Sie nützen uns nichts, wenn wir sie nicht öffnen."

Gröls Verlag

Redaktionelle Hinweise und Impressum

Das vorliegende Werk wurde zugunsten der Authentizität sehr zurückhaltend bearbeitet. So wurden etwa ursprüngliche Rechtschreibfehler *nicht* systematisch behoben, denn kleine Unvollkommenheiten machen das Buch – wie im Übrigen den Menschen – erst authentisch. Mitunter wurden jedoch zum Beispiel Absätze behutsam neu getrennt, um den Lesefluss zu erleichtern.

Um die Texte zu rekonstruieren, werden antiquarische Bücher von Lesegeräten gescannt und dann durch eine Software lesbar gemacht. Der so entstandene Text wird von Menschen gegengelesen und korrigiert – hierbei treten auch Fehler auf. Wenn Sie ebenfalls antiquarische Texte einreichen möchten, finden Sie weitere Informationen auf www.groels.de

Viel Freude bei der Lektüre wünscht Ihnen das Team des Gröls-Verlags.

Adressen

Verleger: Sophia Gröls, Im Borngrund 26, 61440 Oberursel

Externer Dienstleister für Distribution & Herstellung: BoD, In de Tarpen 42, 22848 Norderstedt

Unsere „Edition | Werke der Weltliteratur“ hat den Anspruch, eine der größten und vollständigsten Sammlungen klassischer Literatur in deutscher Sprache zu sein. Nach und nach versammeln wir hier nicht nur die „üblichen Verdächtigen“ von Goethe bis Schiller, sondern auch Kleinode der vergangenen Jahrhunderte, die – zu Unrecht – drohen, in Vergessenheit zu geraten. Wir kultivieren und kuratieren damit einen der wertvollsten Bereiche der abendländischen Kultur. Kleine Auswahl:

Francis Bacon • Neues Organon • **Balzac** • Glanz und Elend der Kurtisanen • **Joachim H. Campe** • Robinson der Jüngere • **Dante Alighieri** • Die Göttliche Komödie • **Daniel Defoe** • Robinson Crusoe • **Charles Dickens** • Oliver Twist • **Denis Diderot** • Jacques der Fatalist • **Fjodor Dostojewski** • Schuld und Sühne • **Arthur Conan Doyle** • Der Hund von Baskerville • **Marie von Ebner-Eschenbach** • Das Gemeindekind • **Elisabeth von Österreich** • Das Poetische Tagebuch • **Friedrich Engels** • Die Lage der arbeitenden Klasse • **Ludwig Feuerbach** • Das Wesen des Christentums • **Johann G. Fichte** • Reden an die deutsche Nation • **Fitzgerald** • Zärtlich ist die Nacht • **Flaubert** • Madame Bovary • **Gorch Fock** • Seefahrt ist not! • **Theodor Fontane** • Effi Briest • **Robert Musil** • Über die Dummheit • **Edgar Wallace** • Der Frosch mit der Maske • **Jakob Wassermann** • Der Fall Maurizius • **Oscar Wilde** • Das Bildnis des Dorian Grey • **Émile Zola** • Germinal • **Stefan Zweig** • Schachnovelle • **Hugo von Hofmannsthal** • Der Tor und der Tod • **Anton Tschechow** • Ein Heiratsantrag • **Arthur Schnitzler** • Reigen • **Friedrich Schiller** • Kabale und Liebe • **Nicolo Machiavelli** • Der Fürst • **Gotthold E. Lessing** • Nathan der Weise • **Augustinus** • Die Bekenntnisse des heiligen Augustinus • **Marcus Aurelius** • Selbstbetrachtungen • **Charles Baudelaire** • Die Blumen des Bösen • **Harriett Stowe** • Onkel Toms Hütte • **Walter Benjamin** • Deutsche Menschen • **Hugo Bettauer** • Die Stadt ohne Juden • **Lewis Caroll** • *und viele mehr….*

Sigmund Freud

Bruchstück einer Hysterie-Analyse

Inhalt

Der erste Traum

Als wir gerade Aussicht hatten, einen dunkeln Punkt in dem Kinderleben Doras durch das Material, welches sich zur Analyse drängte, aufzuhellen, berichtete Dora, sie habe einen Traum, den sie in genau der nämlichen Weise schon wiederholt geträumt, in einer der letzten Nächte neuerlich gehabt. Ein periodisch wiederkehrender Traum war schon dieses Charakters wegen besonders geeignet, meine Neugierde zu wecken; im Interesse der Behandlung durfte man ja die Einflechtung dieses Traumes in den Zusammenhang der Analyse ins Auge fassen. Ich beschloß also, diesen Traum besonders sorgfältig zu erforschen.

I. Traum: „*In einem Haus brennt es*, erzählte Dora, *der Vater steht vor meinem Bett und weckt mich auf. Ich kleide mich schnell an. Die Mama will noch ihr Schmuckkästchen retten, der Papa sagt aber: Ich will nicht, daß ich und meine beiden Kinder wegen deines Schmuckkästchens verbrennen. Wir eilen herunter, und sowie ich draußen bin, wache ich auf.*“

Da es ein wiederkehrender Traum ist, frage ich natürlich, wann sie ihn zuerst geträumt. – Das weiß sie nicht. Sie erinnert sich aber, daß sie den Traum in L. (dem Orte am See, wo die Szene mit Herrn K. vorfiel) in drei Nächten hintereinander gehabt, dann kam er vor einigen Tagen hier wieder. – Die so hergestellte Verknüpfung des Traumes mit den Ereignissen in L. erhöht natürlich meine Erwartungen in betreff der Traumlösung. Ich möchte aber zunächst den Anlaß für seine letzte Wiederkehr erfahren und fordere darum Dora, die bereits durch einige kleine, vorher analysierte Beispiele für die Traumdeutung geschult ist, auf, sich den Traum zu zerlegen und mir mitzuteilen, was ihr zu ihm einfällt.

Sie sagt: „Etwas, was aber nicht dazu gehören kann, denn es ist ganz frisch, während ich den Traum gewiß schon früher gehabt habe."

Das macht nichts, nur zu; es wird eben das letzte dazu Passende sein.

„Also der Papa hat in diesen Tagen mit der Mama einen Streit gehabt, weil sie nachts das Speisezimmer absperrt. Das Zimmer meines Bruders hat nämlich keinen eigenen Ausgang, sondern ist nur durchs Speisezimmer zugänglich. Der Papa will nicht, daß der Bruder bei Nacht so abgesperrt sein soll. Er hat gesagt, das ginge nicht; es könnte doch bei Nacht etwas passieren, daß man hinaus muß."

Das haben Sie nun auf Feuersgefahr bezogen?

„Ja."

Ich bitte Sie, merken Sie sich Ihre eigenen Ausdrücke wohl. Wir werden sie vielleicht brauchen. Sie haben gesagt: Daß *bei Nacht etwas passieren kann, daß man hinaus muß*.

Dora hat nun aber die Verbindung zwischen dem rezenten und den damaligen Anlässen für den Traum gefunden, denn sie fährt fort:

„Als wir damals in L. ankamen, der Papa und ich, hat er die Angst vor einem Brand direkt geäußert. Wir kamen in einem heftigen Gewitter an, sahen das kleine Holzhäuschen, das keinen Blitzableiter hatte. Da war diese Angst ganz natürlich."

Es liegt mir nun daran, die Beziehung zwischen den Ereignissen in L. und den damaligen gleichlautenden Träumen zu ergründen. Ich frage also: Haben Sie den Traum in den ersten Nächten in L. gehabt oder in den letzten vor Ihrer Abreise, also vor oder nach der bekannten Szene im Walde? (Ich weiß nämlich, daß die Szene nicht gleich am ersten Tage vorfiel und daß sie nach derselben noch einige Tage in L. verblieb, ohne etwas von dem Vorfalle merken zu lassen.)

Sie antwortet zuerst: Ich weiß nicht. Nach einer Weile: Ich glaube doch, nachher.

Nun wußte ich also, daß der Traum eine Reaktion auf jenes Erlebnis war. Warum kehrte er aber dort dreimal wieder? Ich fragte weiter: Wie lange sind Sie noch nach der Szene in L. geblieben?

„Noch vier Tage, am fünften bin ich mit dem Papa abgereist."

Jetzt bin ich sicher, daß der Traum die unmittelbare Wirkung des Erlebnisses mit Herrn K. war. Sie haben ihn dort zuerst geträumt, nicht früher. Sie haben die Unsicherheit im Erinnern nur hinzugefügt, um sich den Zusammenhang zu verwischen. Es stimmt mir aber noch nicht ganz mit den Zahlen. Wenn Sie noch vier Nächte in L. blieben, können Sie den Traum viermal wiederholt haben. Vielleicht war es so?

Sie widerspricht nicht mehr meiner Behauptung, setzt aber, anstatt auf meine Frage zu antworten, fort: „Am Nachmittag nach unserer Seefahrt, von der wir, Herr K. und ich, mittags zurückkamen, hatte ich mich wie gewöhnlich auf das Sofa im Schlafzimmer gelegt, um kurz zu schlafen. Ich erwachte plötzlich und sah Herrn K. vor mir stehen...“

Also wie Sie im Traume den Papa vor Ihrem Bette stehen sehen?

„Ja. Ich stellte ihn zur Rede, was er hier zu suchen habe. Er gab zur Antwort, er lasse sich nicht abhalten, in sein Schlafzimmer zu gehen, wann er wolle; übrigens habe er etwas holen wollen. Dadurch vorsichtig gemacht, habe ich Frau K. gefragt, ob denn kein Schlüssel zum Schlafzimmer existiert, und habe mich am nächsten Morgen (am zweiten Tag) zur Toilette eingeschlossen. Als ich mich dann nachmittags einschließen wollte, um mich wieder aufs Sofa zu legen, fehlte der Schlüssel. Ich bin überzeugt, Herr K. hatte ihn beseitigt.“

Das ist also das Thema vom Verschließen oder Nichtverschließen des Zimmers, das im ersten Einfall zum Traume vorkommt und das zufällig auch im frischen Anlaß zum Traum eine Rolle gespielt hat. Sollte der Satz: *ich kleide mich schnell an*, auch in diesen Zusammenhang gehören?

„Damals nahm ich mir vor, nicht ohne den Papa bei K. zu bleiben. An den nächsten Morgen mußte ich fürchten, daß mich Herr K. bei der Toilette überrasche, und *kleidete mich darum immer sehr schnell an*. Der Papa wohnte ja im Hotel, und Frau K. war immer schon früh weggegangen, um mit dem Papa eine Partie zu machen. Herr K. belästigte mich aber nicht wieder."

Ich verstehe, Sie faßten am Nachmittag des zweiten Tages den Vorsatz, sich diesen Nachstellungen zu entziehen, und hatten nun in der zweiten, dritten und vierten Nacht nach der Szene im Walde Zeit, sich diesen Vorsatz im Schlafe zu wiederholen. Daß Sie am nächsten – dritten – Morgen den Schlüssel nicht haben würden, um sich beim Ankleiden einzuschließen, wußten Sie ja schon am zweiten Nachmittag, also vor dem Traum, und konnten sich vornehmen, die Toilette möglichst zu beeilen. Ihr Traum kam aber jede Nacht wieder, weil er eben einem *Vorsatz* entsprach. Ein Vorsatz bleibt so lange bestehen, bis er ausgeführt ist. Sie sagten sich gleichsam: ich habe keine Ruhe, ich kann keinen ruhigen Schlaf finden, bis ich nicht aus diesem Hause heraus bin. Umgekehrt sagen Sie im Traume: *Sowie ich draußen bin, wache ich auf.*

Ich unterbreche hier die Mitteilung der Analyse, um dieses Stückchen einer Traumdeutung an meinen allgemeinen Sätzen über den Mechanismus der Traumbildung zu messen. Ich habe in meinem Bucheausgeführt, jeder Traum sei ein als erfüllt dargestellter Wunsch, die Darstellung sei eine verhüllende, wenn der Wunsch ein verdrängter, dem Unbewußten angehöriger sei, und außer bei den Kinderträumen habe nur der unbewußte oder bis ins Unbewußte reichende Wunsch die Kraft, einen Traum zu bilden. Ich glaube, die allgemeine Zustimmung wäre mir sicherer gewesen, wenn ich mich begnügt hätte zu behaupten, daß jeder Traum einen Sinn habe, der durch eine gewisse Deutungsarbeit aufzudecken sei. Nach vollzogener Deutung könne man den Traum durch Gedanken ersetzen, die sich an leicht kenntlicher Stelle in das Seelenleben des Wachens einfügen. Ich hätte dann fortfahren können, dieser Sinn des Traumes erwiese sich als ebenso mannigfaltig wie eben die Gedankengänge des Wachens. Es sei das eine Mal ein erfüllter Wunsch, das andere Mal eine verwirklichte Befürchtung, dann etwa eine im Schlafe fortgesetzte Überlegung, ein Vorsatz (wie bei Doras Traum), ein Stück geistigen Produzierens im Schlafe usw. Diese

Darstellung hätte gewiß durch ihre Faßlichkeit bestochen und hätte sich auf eine große Anzahl gut gedeuteter Beispiele, wie z. B. auf den hier analysierten Traum, stützen können.

Anstatt dessen habe ich eine allgemeine Behauptung aufgestellt, die den Sinn der Träume auf eine einzige Gedankenform, auf die Darstellung von Wünschen einschränkt, und habe die allgemeinste Neigung zum Widerspruche wachgerufen. Ich muß aber sagen, daß ich weder das Recht noch die Pflicht zu besitzen glaubte, einen Vorgang der Psychologie zur größeren Annehmlichkeit der Leser zu vereinfachen, wenn er meiner Untersuchung eine Komplikation bot, deren Lösung zur Einheitlichkeit erst an anderer Stelle gefunden werden konnte. Es wird mir darum von besonderem Werte sein zu zeigen, daß die scheinbaren Ausnahmen, wie Doras Traum hier, der sich zunächst als ein in den Schlaf fortgesetzter Tagesvorsatz enthüllt, doch die bestrittene Regel neuerdings bekräftigen.

Wir haben ja noch ein großes Stück des Traumes zu deuten. Ich fragte weiter: Was ist es mit dem Schmuckkästchen, das die Mama retten will?

„Die Mama liebt Schmuck sehr und hat viel vom Papa bekommen.“

Und Sie?

„Ich habe Schmuck früher auch sehr geliebt; seit der Krankheit trage ich keinen mehr. – Da gab es damals vor vier Jahren (ein Jahr vor dem Traum) einen großen Streit zwischen Papa und Mama wegen eines Schmuckes. Die Mama wünschte sich etwas Bestimmtes, Tropfen von Perlen im Ohre zu tragen. Der Papa liebt aber dergleichen nicht und brachte ihr anstatt der Tropfen ein Armband. Sie war wütend und sagte ihm, wenn er schon soviel Geld ausgegeben habe, um etwas zu schenken, was sie nicht möge, so solle er es nur einer anderen schenken.“

Da werden Sie sich gedacht haben, Sie nähmen es gerne?

„Ich weiß nicht, weiß überhaupt nicht, wie die Mama in den Traum kommt; sie war doch damals nicht mit in L.“

Ich werde es Ihnen später erklären. Fällt Ihnen denn nichts anderes zum Schmuckkästchen ein? Bis jetzt haben Sie nur von Schmuck und nichts von einem Kästchen gesprochen.

„Ja, Herr K. hatte mir einige Zeit vorher ein kostbares Schmuckkästchen zum Geschenke gemacht.“

Da war das Gegengeschenk also wohl am Platze. Sie wissen vielleicht nicht, daß „Schmuckkästchen“ eine beliebte Bezeichnung für dasselbe ist, was Sie unlängst mit dem angehängten Täschchen angedeutet, für das weibliche Genitale.

„Ich wußte, daß *Sie* das sagen würden.“

Das heißt, *Sie* wußten es. – Der Sinn des Traumes wird nun noch deutlicher. Sie sagten sich: Der Mann stellt mir nach, er will in mein Zimmer dringen, meinem „Schmuckkästchen“ droht Gefahr, und wenn da ein Malheur passiert, wird es die Schuld des Papas sein. Darum haben Sie in den Traum eine Situation genommen, die das Gegenteil ausdrückt, eine Gefahr, aus welcher der Papa Sie rettet. In dieser Region des Traumes ist überhaupt alles ins Gegenteil verwandelt; Sie werden bald hören, warum. Das Geheimnis liegt allerdings bei der Mama. Wie die Mama dazu kommt? Sie ist, wie Sie wissen, Ihre frühere Konkurrentin in der Gunst des Papas. Bei der Begebenheit mit dem Armbande wollten Sie gerne annehmen, was die Mama zurückgewiesen hat. Nun lassen Sie uns einmal „annehmen“ durch „geben“, „zurückweisen“ durch „verweigern“ ersetzen. Das heißt dann, Sie waren bereit, dem Papa zu geben, was die Mama ihm verweigert, und das, um was es sich handelt, hätte mit Schmuck zu. Nun erinnern Sie sich an das Schmuckkästchen, das Herr K. Ihnen geschenkt hat. Sie haben da den Anfang einer parallelen Gedankenreihe, in der wie in der Situation des vor Ihrem Bette Stehens Herr K. anstatt des Papas einzusetzen ist. Er hat Ihnen ein Schmuckkästchen geschenkt, Sie sollen ihm also Ihr Schmuckkästchen schenken; darum sprach ich vorhin vom „Gegengeschenke“. In dieser Gedankenreihe wird Ihre Mama durch Frau K. zu ersetzen sein, die doch wohl damals anwesend war. Sie sind also bereit, Herrn K. das zu schenken, was ihm seine Frau verweigert. Hier haben Sie den Gedanken, der mit soviel Anstrengung verdrängt werden muß, der die Verwandlung aller Elemente in ihr Gegenteil notwendig macht. Wie ich's Ihnen schon vor diesem Traume gesagt habe, der Traum bestätigt wieder, daß Sie die alte Liebe zum Papa wachrufen, um sich gegen die Liebe zu K. zu schützen. Was beweisen aber alle diese Bemühungen? Nicht nur, daß Sie sich vor Herrn K.

fürchten, noch mehr fürchten Sie sich vor sich selber, vor Ihrer Versuchung, ihm nachzugeben. Sie bestätigen also dadurch, wie intensiv die Liebe zu ihm war

Dieses Stück der Deutung wollte sie natürlich nicht mitmachen.

Mir hatte sich aber auch eine Fortsetzung der Traumdeutung ergeben, die ebensowohl für die Anamnese des Falles wie für die Theorie des Traumes unentbehrlich schien. Ich versprach, dieselbe Dora in der nächsten Sitzung mitzuteilen.

Ich konnte nämlich den Hinweis nicht vergessen, der sich aus den angemerkten zweideutigen Worten zu ergeben schien (*daß man hinaus muß, daß bei Nacht ein Malheur passieren kann*). Dem reihte sich an, daß mir die Aufklärung des Traumes unvollständig schien, solange nicht eine gewisse Forderung erfüllt war, die ich zwar nicht allgemein aufstellen will, nach deren Erfüllung ich aber mit Vorliebe suche. Ein ordentlicher Traum steht gleichsam auf zwei Beinen, von denen das eine den wesentlichen aktuellen Anlaß, das andere eine folgenschwere Begebenheit der Kinderjahre berührt.

Zwischen diesen beiden, dem Kindererlebnisse und dem gegenwärtigen, stellt der Traum eine Verbindung her, er sucht die Gegenwart nach dem Vorbilde der frühesten Vergangenheit umzugestalten. Der Wunsch, der den Traum schafft, kommt ja immer aus der Kindheit, er will die Kindheit immer wieder von neuem zur Realität erwecken, die Gegenwart nach der Kindheit korrigieren. Die Stücke, die sich zu einer Anspielung auf ein Kinderereignis zusammensetzen lassen, glaubte ich in dem Trauminhalte bereits deutlich zu erkennen.

Ich begann die Erörterung hierüber mit einem kleinen Experimente, das wie gewöhnlich gelang. Auf dem Tische stand zufällig ein großer Zündhölzchenbehälter. Ich bat Dora, sich doch umzusehen, ob sie auf dem Tische etwas Besonderes sehen könne, das gewöhnlich nicht darauf stände. Sie sah nichts. Dann fragte ich, ob sie wisse, warum man den Kindern verbiete, mit Zündhölzchen zu spielen.

„Ja, wegen der Feuersgefahr. Die Kinder meines Onkels spielen so gerne mit Zündhölzchen.“

Nicht allein deswegen. Man warnt sie: „Nicht zündeln“ und knüpft daran einen gewissen Glauben.

Sie wußte nichts darüber. – Also man fürchtet, daß sie dann das Bett naß machen werden. Dem liegt wohl der Gegensatz von *Wasser* und *Feuer* zugrunde. Etwa, daß sie vom Feuer träumen und dann versuchen werden, mit Wasser zu löschen. Das weiß ich nicht genau zu sagen. Aber ich sehe, daß Ihnen der Gegensatz von Wasser und Feuer im Traume ausgezeichnete Dienste leistet. Die Mama will das Schmuckkästchen retten, damit es nicht *verbrennt,* in den Traumgedanken kommt es darauf an, daß das „Schmuckkästchen“ nicht *naß* wird. Feuer ist aber nicht nur als Gegensatz zu Wasser verwendet, es dient auch zur direkten Vertretung von Liebe, Verliebt-, Verbranntsein. Von Feuer geht also das eine Geleise über diese symbolische Bedeutung zu den Liebesgedanken, das andere führt über den Gegensatz Wasser, nachdem noch die eine Beziehung zur Liebe, die auch *naß* macht, abgezweigt hat, anderswohin. Wohin nun? Denken Sie an Ihre Ausdrücke: daß *bei Nacht ein Malheur passiert,* daß *man hinaus muß.* Bedeutet das nicht ein körperliches Bedürfnis, und wenn Sie das

Malheur in die Kindheit versetzen, kann es ein anderes sein, als daß das Bett naß wird? Was tut man aber, um die Kinder vor dem Bettnässen zu hüten? Nicht wahr, man weckt sie in der Nacht aus dem Schlafe, *ganz so, wie es im Traume der Papa mit Ihnen tut?* Dieses wäre also die wirkliche Begebenheit, aus welcher Sie sich das Recht nehmen, Herrn K., der Sie aus dem Schlafe weckt, durch den Papa zu ersetzen. Ich muß also schließen, daß Sie an Bettnässen länger, als es sich sonst bei Kindern erhält, gelitten haben. Dasselbe muß bei Ihrem Bruder der Fall gewesen sein. Der Papa sagt ja: *Ich will nicht, daß meine beiden Kinder*... zugrunde gehen. Der Bruder hat mit der aktuellen Situation bei K. sonst nichts zu tun, er war auch nicht nach L. mitgekommen. Was sagen nun Ihre Erinnerungen dazu?

„Von mir weiß ich nichts“, antwortete sie, „aber der Bruder hat bis zum sechsten oder siebenten Jahre das Bett naß gemacht, es ist ihm auch manchmal am Tage passiert.“

Ich wollte sie eben aufmerksam machen, wieviel leichter man sich an derartiges von seinem Bruder als von sich erinnert, als sie mit der wiedergewonnenen Erinnerung fortsetzte: „Ja, ich habe es auch gehabt, aber erst im siebenten oder achten Jahre eine Zeitlang. Es muß arg gewesen sein, denn ich weiß jetzt, daß der Doktor um Rat gefragt wurde. Es war bis kurz vor dem nervösen Asthma."

Was sagte der Doktor dazu?

„Er erklärte es für eine nervöse Schwäche: es werde sich schon verlieren, meinte er, und verschrieb stärkende Mittel."

Die Traumdeutung schien mir nun vollendet. Einen Nachtrag zum Traume brachte sie noch tags darauf. Sie habe vergessen zu erzählen, daß sie nach dem Erwachen jedesmal Rauch gerochen. Der Rauch paßte ja wohl zum Feuer, er wies auch darauf hin, daß der Traum eine besondere Beziehung zu meiner Person habe, denn ich pflegte ihr, wenn sie behauptet hatte, da oder dort stecke nichts dahinter, oft entgegenzuhalten: „Wo Rauch ist, ist auch Feuer." Sie wandte aber gegen diese ausschließlich persönliche Deutung ein, daß Herr K. und der Papa leidenschaftliche Raucher seien, wie übrigens auch ich. Sie rauchte selbst am See, und Herr K. hatte ihr, ehe er damals mit seiner unglücklichen Werbung begann, eine Zigarette gedreht. Sie glaubte sich auch sicher zu erinnern, daß der Geruch nach Rauch nicht erst im letzten, sondern schon in dem dreimaligen Träumen in L. aufgetreten war. Da sie weitere Auskünfte verweigerte, blieb es mir überlassen, wie ich mir diesen Nachtrag in das Gefüge der Traumgedanken eintragen wolle. Als Anhaltspunkt konnte mir dienen, daß die Sensation des Rauches als Nachtrag kam, also eine besondere Anstrengung der Verdrängung hatte überwinden müssen. Demnach gehörte sie wahrscheinlich zu dem im Traume am dunkelsten dargestellten und bestverdrängten Gedanken, also dem der Versuchung, sich dem Manne willig zu erweisen. Sie konnte dann kaum etwas anderes bedeuten als die Sehnsucht nach einem Kusse, der beim Raucher notwendigerweise nach Rauch schmeckt; ein Kuß war aber etwa zwei Jahre vorher zwischen den beiden vorgefallen und hätte sich sicherlich mehr als einmal wiederholt, wenn das Mädchen nun der Werbung nachgegeben hätte. Die Versuchungsgedanken scheinen so auf die frühere Szene zurückgegriffen und die Erinnerung an den Kuß aufgeweckt zu haben, gegen dessen Verlockung sich die Lutscherin seinerzeit durch den Ekel schützte. Nehme ich endlich die Anzeichen zusammen, die eine Übertragung auf mich, weil ich auch Raucher bin, wahrscheinlich machen, so komme ich zur Ansicht, daß ihr eines Tages wahrscheinlich während der Sitzung eingefallen, sich einen Kuß von mir zu wünschen. Dies war für sie der Anlaß, sich den Warnungstraum zu wiederholen und den Vorsatz zu fassen, aus der Kur zu gehen. So stimmt es sehr gut zusammen, aber vermöge der Eigentümlichkeiten der „Übertragung" entzieht es sich dem Beweise.

Ich könnte nun schwanken, ob ich zuerst die Ausbeute dieses Traumes für die Krankengeschichte des Falles in Angriff nehmen oder lieber den aus ihm gegen die Traumtheorie gewonnenen Einwand erledigen soll. Ich wähle das erstere.

Es verlohnt sich, auf die Bedeutung des Bettnässens in der Vorgeschichte der Neurotiker ausführlich einzugehen. Der Übersichtlichkeit zuliebe beschränke ich mich darauf zu betonen, daß Doras Fall von Bettnässen nicht der gewöhnliche war. Die Störung hatte sich nicht einfach über die fürs Normale zugestandene Zeit fortgesetzt, sondern war nach ihrer bestimmten Angabe zunächst geschwunden und dann verhältnismäßig spät, nach dem sechsten Lebensjahre, wieder aufgetreten. Ein solches Bettnässen hat meines Wissens keine wahrscheinlichere Ursache als Masturbation, die in der Ätiologie des Bettnässens überhaupt eine noch zu gering geschätzte Rolle spielt. Den Kindern selbst ist nach meiner Erfahrung dieser Zusammenhang sehr wohl bekannt gewesen, und alle psychischen Folgen leiten sich so davon ab, als ob sie ihn niemals vergessen hätten. Nun befanden wir uns zur Zeit, als der Traum erzählt wurde, auf einer Linie der Forschung, welche direkt auf ein solches Eingeständnis der Kindermasturbation zulief. Sie hatte eine Weile vorher die Frage aufgeworfen, warum denn gerade sie krank geworden sei, und hatte, ehe ich eine Antwort gab, die Schuld auf den Vater gewälzt. Es waren nicht unbewußte Gedanken, sondern bewußte Kenntnis, welche die Begründung übernahm. Das Mädchen wußte zu meinem Erstaunen, welcher Natur die Krankheit des Vaters gewesen war. Sie hatte nach der Rückkehr des Vaters von meiner Ordination ein Gespräch erlauscht, in dem der Name der Krankheit genannt wurde. In noch früheren Jahren, zur Zeit der Netzhautablösung, muß ein zu Rate gezogener Augenarzt auf die luetische Ätiologie hingewiesen haben, denn das neugierige und besorgte Mädchen hörte damals eine alte Tante zur Mutter sagen: „Er war ja schon vor der Ehe krank“ und etwas ihr Unverständliches hinzufügen, was sie sich später auf unanständige Dinge deutete.

Der Vater war also durch leichtsinnigen Lebenswandel krank geworden, und sie nahm an, daß er ihr das Kranksein erblich übertragen habe. Ich hütete mich, ihr zu sagen, daß ich, wie erwähnt, gleichfalls die Ansicht vertrete, die Nachkommenschaft Luetischer sei zu schweren Neuropsychosen ganz besonders prädisponiert. Die Fortsetzung dieses den Vater anklagenden Gedankenganges ging durch unbewußtes Material. Sie identifizierte sich einige Tage lang in kleinen Symptomen und Eigentümlichkeiten mit der Mutter, was ihr Gelegenheit gab, Hervorragendes in Unausstehlichkeit zu leisten, und ließ mich dann erraten, daß sie an einen Aufenthalt in Franzensbad denke, das sie in Begleitung der Mutter – ich weiß nicht mehr, in welchem Jahre – besucht hatte. Die Mutter litt an Schmerzen im Unterleibe und an einem Ausflusse – Katarrh –, der eine Franzensbader Kur notwendig machte. Es war ihre – wahrscheinlich wieder berechtigte – Meinung, daß diese Krankheit vom Papa herrühre, der also seine Geschlechtsaffektion auf die Mutter übertragen hatte. Es war ganz begreiflich, daß sie bei diesem Schlusse, wie ein großer Teil der Laien überhaupt, Gonorrhöe und Syphilis, erbliche und Übertragung durch den Verkehr zusammenwarf. Ihr Verharren in der Identifizierung nötigte mir fast die Frage auf, ob sie denn auch eine Geschlechtskrankheit habe, und nun erfuhr ich, daß sie mit einem Katarrh (*fluor albus*) behaftet sei, an dessen Beginn sie sich nicht erinnern könne.

Ich verstand nun, daß hinter dem Gedankengange, der laut den Vater anklagte, wie gewöhnlich eine Selbstbeschuldigung verborgen sei, und kam ihr entgegen, indem ich ihr versicherte, daß der *fluor* der jungen Mädchen in meinen Augen vorzugsweise auf Masturbation deute und daß ich alle anderen Ursachen, die gewöhnlich für solch ein Leiden angeführt werden, neben der Masturbation in den Hintergrund treten lasse. Sie sei also auf dem Wege, ihre Frage, warum gerade sie erkrankt sei, durch das Eingeständnis der Masturbation, wahrscheinlich in den Kinderjahren, zu beantworten. Sie leugnete entschiedenst, sich an etwas Derartiges erinnern zu können. Aber einige Tage später führte sie etwas auf, was ich als weitere Annäherung an das Geständnis betrachten mußte.

Sie hatte an diesem Tage nämlich, was weder früher noch später je der Fall war, ein Portemonnaietäschchen von der Form, die eben modern wurde, umgehängt und spielte damit, während sie im Liegen sprach, indem sie es öffnete, einen Finger hineinsteckte, es wieder schloß, usw. Ich sah ihr eine Weile zu und erklärte ihr dann, was eine *Symptomhandlung*sei. Symptomhandlungen nenne ich jene Verrichtungen, die der Mensch, wie man sagt, automatisch, unbewußt, ohne darauf zu achten, wie spielend, vollzieht, denen er jede Bedeutung absprechen möchte und die er für gleichgültig und zufällig erklärt, wenn er nach ihnen gefragt wird. Sorgfältigere Beobachtung zeigt dann, daß solche Handlungen, von denen das Bewußtsein nichts weiß oder nichts wissen will, unbewußten Gedanken und Impulsen Ausdruck geben, somit als zugelassene Äußerungen des Unbewußten wertvoll und lehrreich sind. Es gibt zwei Arten des bewußten Verhaltens gegen die Symptomhandlungen. Kann man sie unauffällig motivieren, so nimmt man auch Kenntnis von ihnen; fehlt ein solcher Vorwand vor dem Bewußten, so merkt man in der Regel gar nicht, daß man sie ausführt. Im Falle Doras war die Motivierung leicht: „Warum soll ich nicht ein solches

Täschchen tragen, wie es jetzt modern ist?“ Aber eine solche Rechtfertigung hebt die Möglichkeit der unbewußten Herkunft der betreffenden Handlung nicht auf. Anderseits läßt sich diese Herkunft und der Sinn, den man der Handlung beilegt, nicht zwingend erweisen. Man muß sich begnügen zu konstatieren, daß ein solcher Sinn in den Zusammenhang der vorliegenden Situation, in die Tagesordnung des Unbewußten ganz ausgezeichnet hineinpaßt.

Ich werde ein anderes Mal eine Sammlung solcher Symptomhandlungen vorlegen, wie man sie bei Gesunden und Nervösen beobachten kann. Die Deutungen sind manchmal sehr leicht. Das zweiblättrige Täschchen Doras ist nichts anderes als eine Darstellung des Genitales, und ihr Spielen damit, ihr öffnen und Fingerhineinstecken eine recht ungenierte, aber unverkennbare pantomimische Mitteilung dessen, was sie damit tun möchte, die der Masturbation. Vor kurzem ist mir ein ähnlicher Fall vorgekommen, der sehr erheiternd wirkte. Eine ältere Dame zieht mitten in der Sitzung, angeblich um sich durch ein Bonbon anzufeuchten, eine kleine beinerne Dose hervor, bemüht sich, sie zu öffnen, und reicht sie dann mir, damit ich mich überzeuge, wie schwer sie aufgeht. Ich äußere mein Mißtrauen, daß diese Dose etwas Besonderes bedeuten müsse, ich sehe sie heute doch zum ersten Male, obwohl die Eigentümerin mich schon länger als ein Jahr besucht. Darauf die Dame im Eifer: „Diese Dose trage ich immer bei mir, ich nehme sie überall mit, wohin ich gehe!" Sie beruhigt sich erst, nachdem ich sie lachend aufmerksam gemacht, wie gut ihre Worte auch zu einer anderen Bedeutung passen. Die Dose – *box*, πύξις – ist wie das Täschchen, wie das Schmuckkästchen wieder nur eine Vertreterin der Venusmuschel, des weiblichen Genitales!

Es gibt viel solcher Symbolik im Leben, an der wir gewöhnlich achtlos vorübergehen. Als ich mir die Aufgabe stellte, das, was die Menschen verstecken, nicht durch den Zwang der Hypnose, sondern aus dem, was sie sagen und zeigen, ans Licht zu bringen, hielt ich die Aufgabe für schwerer, als sie wirklich ist. Wer Augen hat zu sehen und Ohren zu hören, überzeugt sich, daß die Sterblichen kein Geheimnis verbergen können. Wessen Lippen schweigen, der schwätzt mit den Fingerspitzen; aus allen Poren dringt ihm der Verrat. Und darum ist die Aufgabe, das verborgenste Seelische bewußtzumachen, sehr wohl lösbar.

Doras Symptomhandlung mit dem Täschchen war nicht der nächste Vorläufer des Traumes. Die Sitzung, die uns die Traumerzählung brachte, leitete sie durch eine andere Symptomhandlung ein. Als ich in das Zimmer trat, in dem sie wartete, versteckte sie rasch einen Brief, in dem sie las. Ich fragte natürlich, von wem der Brief sei, und sie weigerte sich erst, es anzugeben. Dann kam etwas heraus, was höchst gleichgültig und ohne Beziehung zu unserer Kur war. Es war ein Brief der Großmutter, in dem sie aufgefordert wurde, ihr öfter zu schreiben. Ich meine, sie wollte mir nur „Geheimnis" vorspielen und andeuten, daß sie sich jetzt ihr Geheimnis vom Arzt entreißen lasse. Ihre Abneigung gegen jeden neuen Arzt erkläre ich mir nun durch die Angst, er würde bei der Untersuchung (durch den Katarrh) oder beim Examen (durch die Mitteilung des Bettnässens) auf den Grund ihres Leidens kommen, die Masturbation bei ihr erraten. Sie sprach dann immer sehr geringschätzig von den Ärzten, die sie vorher offenbar überschätzt hatte.

Anklagen gegen den Vater, daß er sie krank gemacht, mit der Selbstanklage dahinter – *fluor albus* – Spielen mit dem Täschchen – Bettnässen nach dem sechsten Jahre – Geheimnis, das sie sich von den Ärzten nicht entreißen lassen will: ich halte den Indizienbeweis für die kindliche Masturbation für lückenlos hergestellt. Ich hatte in diesem Falle die Masturbation zu ahnen begonnen, als sie mir von den Magenkrämpfen der Kusine erzählte und sich dann mit dieser identifizierte, indem sie tagelang über die nämlichen schmerzhaften Sensationen klagte. Es ist bekannt, wie häufig Magenkrämpfe gerade bei Masturbanten auftreten. Nach einer persönlichen Mitteilung von W. Fließ sind es gerade solche Gastralgien, die durch Kokainisierung der von ihm gefundenen „Magenstelle" in der Nase unterbrochen und durch deren Ätzung geheilt werden können. Dora bestätigte mir bewußterweise zweierlei, daß sie selbst häufig an Magenkrämpfen gelitten und daß sie die Kusine mit guten Gründen für eine Masturbantin gehalten habe. Es ist bei den Kranken sehr gewöhnlich, daß sie einen Zusammenhang bei anderen erkennen, dessen Erkenntnis ihnen bei der eigenen Person durch Gefühlswiderstände unmöglich wird. Sie leugnete auch nicht mehr, obwohl sie noch nichts erinnerte. Auch die Zeitbestimmung des Bettnässens „bis kurz vor dem Auftreten des nervösen Asthmas" halte ich für klinisch verwertbar. Die hysterischen Symptome treten fast niemals auf, solange die Kinder masturbieren, sondern erst in der Abstinenz; sie drücken einen Ersatz für die masturbatorische Befriedigung aus, nach der das Verlangen im Unbewußten erhalten bleibt, solange nicht andersartige normalere Befriedigung eintritt, wo diese noch möglich geblieben ist. Letztere Bedingung ist die Wende für mögliche Heilung der Hysterie durch Ehe und normalen Geschlechtsverkehr. Wird die Befriedigung in der Ehe wieder aufgehoben, etwa durch *coitus interruptus*, psychische Entfremdung u. dgl., so sucht die Libido ihr altes Strombett wieder auf und äußert sich wiederum in hysterischen Symptomen.

Ich möchte gerne noch die sichere Auskunft anfügen, wann und durch welchen besonderen Einfluß die Masturbation bei Dora unterdrückt wurde, aber die Unvollständigkeit der Analyse nötigt mich, hier lückenhaftes Material vorzubringen. Wir haben gehört, daß das Bettnässen bis nahe an die erste Erkrankung an Dyspnoe heranreichte. Nun war das einzige, was sie zur Aufklärung dieses ersten Zustandes anzugeben wußte, daß der Papa damals das erstemal nach seiner Besserung verreist gewesen sei. In diesem erhaltenen Stückchen Erinnerung mußte eine Beziehung zur Ätiologie der Dyspnoe angedeutet sein. Ich bekam nun durch Symptomhandlungen und andere Anzeichen guten Grund zur Annahme, daß das Kind, dessen Schlafzimmer sich neben dem der Eltern befand, einen nächtlichen Besuch des Vaters bei seiner Ehefrau belauscht und das Keuchen des ohnedies kurzatmigen Mannes beim Koitus gehört habe. Die Kinder ahnen in solchen Fällen das Sexuelle in dem unheimlichen Geräusche. Die Ausdrucksbewegungen für die sexuelle Erregung liegen ja als mitgeborene Mechanismen in ihnen bereit. Daß die Dyspnoe und das Herzklopfen der Hysterie und Angstneurose nur losgelöste Stücke aus der Koitusaktion sind, habe ich vor Jahren bereits ausgeführt, und in vielen Fällen, wie dem Doras, konnte ich das Symptom der Dyspnoe, des nervösen Asthmas, auf die gleiche Veranlassung, auf das Belauschen des sexuellen Verkehres Erwachsener, zurückführen. Unter dem Einflusse der damals gesetzten Miterregung konnte sehr wohl der Umschwung in der Sexualität der Kleinen eintreten, welcher die Masturbationsneigung durch die Neigung zur Angst ersetzte. Eine Weile später, als der Vater abwesend war und das verliebte Kind seiner sehnsüchtig gedachte, wiederholte sie dann den Eindruck als Asthmaanfall. Aus dem in der Erinnerung bewahrten Anlasse zu dieser Erkrankung läßt sich noch der angstvolle Gedankengang erraten, der den Anfall begleitete. Sie bekam ihn zuerst, nachdem sie sich auf einer Bergpartie überangestrengt, wahrscheinlich etwas reale Atemnot verspürt hatte. Zu dieser trat die Idee, daß dem Vater Bergsteigen verboten sei, daß er sich nicht überanstrengen dürfe, weil er kurzen Atem habe, dann die Erinnerung, wie sehr er sich in der Nacht bei der Mama angestrengt, ob ihm das nicht geschadet habe, dann die Sorge, ob sie sich nicht überangestrengt habe bei der gleichfalls zum sexuellen Orgasmus mit etwas Dyspnoe führenden Masturbation, und dann die verstärkte Wiederkehr dieser Dyspnoe als Symptom. Einen Teil dieses Materials konnte ich noch der Analyse entnehmen, den andern mußte ich ergänzen. Aus der Konstatierung der Masturbation haben wir ja gesehen, daß das Material für ein Thema erst stückweise zu verschiedenen Zeiten und in verschiedenen Zusammenhängen zusammengebracht wird.

Es erheben sich nun eine Reihe der gewichtigsten Fragen zur Ätiologie der Hysterie, ob man den Fall Doras als typisch für die Ätiologie ansehen darf, ob er den einzigen Typus der Verursachung darstellt usw. Allein ich tue gewiß recht daran, die Beantwortung dieser Fragen erst auf die Mitteilung einer größeren Reihe von ähnlich analysierten Fällen warten zu lassen. Ich müßte überdies damit beginnen, die Fragestellung zurechtzurücken. Anstatt mich mit Ja oder Nein darüber zu äußern, ob die Ätiologie dieses Krankheitsfalles in der kindlichen Masturbation zu suchen ist, würde ich zunächst den Begriff der Ätiologie bei den Psychoneurosen zu erörtern haben. Der Standpunkt, von dem aus ich antworten könnte, würde sich als wesentlich verschoben gegen den Standpunkt erweisen, von dem aus die Frage an mich gestellt wird. Genug, wenn wir für diesen Fall zur Überzeugung gelangen, daß hier Kindermasturbation nachweisbar ist, daß sie nichts Zufälliges und nichts für die Gestaltung des Krankheitsbildes Gleichgültiges sein kann. Uns winkt ein weiteres Verständnis der Symptome bei Dora, wenn wir die Bedeutung des von ihr eingestandenen *fluor albus* ins Auge fassen. Das

Wort „Katarrh“, mit dem sie ihre Affektion bezeichnen lernte, als ein ähnliches Leiden der Mutter Franzensbad nötig machte, ist wiederum ein „Wechsel“, welcher der ganzen Reihe von Gedanken über die Krankheitsverschuldung des Papas den Zugang zur Äußerung in dem Symptom des Hustens öffneten. Dieser Husten, der gewiß ursprünglich von einem geringfügigen realen Katarrh herstammte, war ohnedies Nachahmung des auch mit einem Lungenleiden behafteten Vaters und konnte ihrem Mitleid und ihrer Sorge für ihn Ausdruck geben. Außerdem aber rief er gleichsam in die Welt hinaus, was ihr damals vielleicht noch nicht bewußt geworden war: „Ich bin die Tochter von Papa. Ich habe einen Katarrh wie er. Er hat mich krank gemacht, wie er die Mama krank gemacht hat. Von ihm habe ich die bösen Leidenschaften, die sich durch Krankheit strafen.“

Wir können nun den Versuch machen, die verschiedenen Determinierungen, die wir für die Anfälle von Husten und Heiserkeit gefunden haben, zusammenzustellen. Zuunterst in der Schichtung ist ein realer, organisch bedingter Hustenreiz anzunehmen, das Sandkorn also, um welches das Muscheltier die Perle bildet. Dieser Reiz ist fixierbar, weil er eine Körperregion betrifft, welche die Bedeutung einer erogenen Zone bei dem Mädchen in hohem Grade bewahrt hat. Er ist also geeignet dazu, der erregten Libido Ausdruck zu geben. Er wird fixiert durch die wahrscheinlich erste psychische Umkleidung, die Mitleidsimitation für den kranken Vater und dann durch die Selbstvorwürfe wegen des „Katarrhs". Dieselbe Symptomgruppe zeigt sich ferner fähig, die Beziehungen zu Herrn K. darzustellen, seine Abwesenheit zu bedauern und den Wunsch auszudrücken, ihm eine bessere Frau zu sein. Nachdem ein Teil der Libido sich wieder dem Vater zugewendet, gewinnt das Symptom seine vielleicht letzte Bedeutung zur Darstellung des sexuellen Verkehres mit dem Vater in der Identifizierung mit Frau K. Ich möchte dafür bürgen, daß diese Reihe keineswegs vollständig ist. Leider ist die unvollständige Analyse nicht imstande, dem Wechsel der Bedeutung zeitlich zu folgen, die Reihenfolge und die Koexistenz verschiedener Bedeutungen klarzulegen. An eine vollständige darf man diese Forderungen stellen.

Ich darf nun nicht versäumen, auf weitere Beziehungen des Genitalkatarrhs zu den hysterischen Symptomen Doras einzugehen. Zu

Zeiten, als eine psychische Aufklärung der Hysterie noch in weiter Ferne lag, hörte ich ältere, erfahrene Kollegen behaupten, daß bei den hysterischen Patientinnen mit *fluor* eine Verschlimmerung des Katarrhs regelmäßig eine Verschärfung der hysterischen Leiden, besonders der Eßunlust und des Erbrechens nach sich ziehe. Über den Zusammenhang war niemand recht klar, aber ich glaube, man neigte zur Anschauung der Gynäkologen hin, die bekanntlich einen direkten und organisch störenden Einfluß von Genitalaffektionen auf die nervösen Funktionen im breitesten Ausmaße annehmen, wobei uns die therapeutische Probe auf die Rechnung zu allermeist im Stich läßt. Bei dem heutigen Stande unserer Einsicht kann man einen solchen direkten und organischen Einfluß auch nicht für ausgeschlossen erklären, aber leichter nachweisbar ist jedenfalls dessen psychische Umkleidung. Der Stolz auf die Gestaltung der Genitalien ist bei unseren Frauen ein ganz besonderes Stück ihrer Eitelkeit; Affektionen derselben, welche für geeignet gehalten werden, Abneigung oder selbst Ekel einzuflößen, wirken in ganz unglaublicher Weise kränkend, das Selbstgefühl herabsetzend, machen reizbar, empfindlich und mißtrauisch. Die abnorme Sekretion der Scheidenschleimhaut wird als ekelerregend angesehen.

Erinnern wir uns, daß bei Dora nach dem Kusse des Herrn K. eine lebhafte Ekelempfindung eintrat und daß wir Grund fanden, uns ihre Erzählung dieser Kußszene dahin zu vervollständigen, daß sie den Druck des erigierten Gliedes gegen ihren Leib in der Umarmung verspürte. Wir erfahren nun ferner, daß dieselbe Gouvernante, welche sie wegen ihrer Untreue von sich gestoßen hatte, ihr aus eigener Lebenserfahrung vorgetragen hatte, alle Männer seien leichtsinnig und unverläßlich. Für Dora mußte das heißen, alle Männer seien wie der Papa. Ihren Vater hielt sie aber für geschlechtskrank, hatte er doch diese Krankheit auf sie und auf die Mutter übertragen. Sie konnte sich also vorstellen, alle Männer seien geschlechtskrank, und ihr Begriff von Geschlechtskrankheit war natürlich nach ihrer einzigen und dazu persönlichen Erfahrung gebildet. Geschlechtskrank hieß ihr also mit einem ekelhaften Ausflusse behaftet – ob dies nicht eine weitere Motivierung des Ekels war, den sie im Moment der Umarmung empfand? Dieser auf die Berührung des Mannes übertragene Ekel wäre dann ein nach dem erwähnten primitiven Mechanismus projizierter, der sich in letzter Linie auf ihren eigenen *fluor* bezog.

Ich vermute, daß es sich hiebei um unbewußte Gedankengänge handelt, welche über vorgebildete organische Zusammenhänge gezogen sind, etwa wie Blumenfestons über Drahtgewinde, so daß man ein andermal andere Gedankenwege zwischen den nämlichen Ausgangs- und Endpunkten eingeschaltet finden kann. Doch ist die Kenntnis der im einzelnen wirksam gewesenen Gedankenverbindungen für die Lösung der Symptome von unersetzlichem Werte. Daß wir im Falle Doras zu Vermutungen und Ergänzungen greifen müssen, ist nur durch den vorzeitigen Abbruch der Analyse begründet. Was ich zur Ausfüllung der Lücken vorbringe, lehnt sich durchweg an andere, gründlich analysierte Fälle an.

Der Traum, durch dessen Analyse wir die vorstehenden Aufschlüsse gewonnen haben, entspricht, wie wir fanden, einem Vorsatze, den Dora in den Schlaf mitnimmt. Er wird darum jede Nacht wiederholt, bis der Vorsatz erfüllt ist, und er tritt Jahre später wieder auf, sowie sich ein Anlaß ergibt, einen analogen Vorsatz zu fassen. Der Vorsatz läßt sich bewußt etwa folgendermaßen aussprechen: Fort aus diesem Hause, in dem, wie ich gesehen habe, meiner Jungfräulichkeit Gefahr droht; ich reise mit dem Papa ab, und morgens bei der Toilette will ich meine Vorsichten treffen, nicht überrascht zu werden. Diese Gedanken finden ihren deutlichen Ausdruck im Traume; sie gehören einer Strömung an, die im Wachleben zum Bewußtsein und zur Herrschaft gelangt ist. Hinter ihnen läßt sich ein dunkler vertretener Gedankenzug erraten, welcher der gegenteiligen Strömung entspricht und darum der Unterdrückung verfallen ist. Er gipfelt in der Versuchung, sich dem Manne zum Danke für die ihr in den letzten Jahren bewiesene Liebe und Zärtlichkeit hinzugeben, und ruft vielleicht die Erinnerung an den einzigen Kuß auf, den sie bisher von ihm empfangen hat. Aber nach der in meiner *Traumdeutung* entwickelten Theorie reichen solche Elemente nicht hin, um einen Traum zu bilden. Ein Traum sei kein Vorsatz, der als ausgeführt, sondern ein Wunsch, der als erfüllt dargestellt wird; und zwar womöglich ein Wunsch aus dem Kinderleben. Wir haben die Verpflichtung zu prüfen, ob dieser Satz nicht durch unseren Traum widerlegt wird.

Der Traum enthält in der Tat infantiles Material, welches in keiner auf den ersten Blick ergründbaren Beziehung zum Vorsatze steht, das Haus des Herrn K. und die von ihm ausgehende Versuchung zu fliehen. Wozu taucht wohl die Erinnerung an das Bettnässen als Kind und an die Mühe auf, die sich der Vater damals gab, das Kind rein zu gewöhnen? Man kann darauf die Antwort geben, weil es nur mit Hilfe dieses Gedankenzuges möglich ist, die intensiven Versuchungsgedanken zu unterdrücken und den gegen sie gefaßten Vorsatz zur Herrschaft zu bringen. Das Kind beschließt, *mit* seinem Vater zu flüchten; in Wirklichkeit flüchtet es sich in der Angst vor dem ihm nachstellenden Manne *zu* seinem Vater; es ruft eine infantile Neigung zum Vater wach, die es gegen die rezente zu dem Fremden schützen soll. An der gegenwärtigen Gefahr ist der Vater selbst mitschuldig, der sie wegen eigener Liebesinteressen dem fremden Manne ausgeliefert hat. Wie viel schöner war es doch, als derselbe Vater niemanden anderen lieber hatte als sie und sich bemühte, sie vor den Gefahren, die sie damals bedrohten, zu retten. Der infantile und heute unbewußte Wunsch, den Vater an die Stelle des fremden Mannes zu setzen, ist eine traumbildende Potenz. Wenn es eine Situation gegeben hat, die ähnlich einer der gegenwärtigen sich doch durch diese Personvertretung von ihr unterschied, so wird diese zur Hauptsituation des Trauminhaltes. Es gibt eine solche; geradeso wie am Vortage Herr K., stand einst der Vater vor ihrem Bette und weckte sie etwa mit einem Kusse, wie vielleicht Herr K. beabsichtigt hatte. Der Vorsatz, das Haus zu fliehen, ist also nicht an und für sich traumfähig, er wird es dadurch, daß sich ihm ein anderer, auf infantile Wünsche gestützter Vorsatz beigesellt. Der Wunsch, Herrn K. durch den Vater zu ersetzen, gibt die Triebkraft zum Traume ab. Ich erinnere an die Deutung, zu der mich der verstärkte, auf das Verhältnis des Vaters zu Frau K. bezügliche Gedankenzug nötigte, es sei hier eine infantile Neigung zum Vater wachgerufen worden, um die verdrängte Liebe zu Herrn K. in der Verdrängung erhalten zu können; diesen Umschwung im Seelenleben der Patientin spiegelt der Traum wider.

Über das Verhältnis zwischen den in den Schlaf sich fortsetzenden Wachgedanken – den Tagesresten – und dem unbewußten traumbildenden Wunsche habe ich in der *Traumdeutung* einige Bemerkungen niedergelegt, die ich hier unverändert zitieren werde, denn ich habe ihnen nichts hinzuzufügen, und die Analyse dieses Traumes von Dora beweist von neuem, daß es sich nicht anders verhält.

„Ich will zugeben, daß es eine ganze Klasse von Träumen gibt, zu denen die *Anregung* vorwiegend oder selbst ausschließlich aus den Resten des Tageslebens stammt, und ich meine, selbst mein Wunsch, endlich einmal Professor extraordinarius zu werden, hätte mich diese Nacht ruhig schlafen lassen können, wäre nicht die Sorge um die Gesundheit meines Freundes vom Tage her noch rührig gewesen. Aber diese Sorge hätte noch keinen Traum gemacht; die *Triebkraft*, die der Traum bedurfte, mußte von einem Wunsche beigesteuert werden; es war Sache der Besorgnis, sich einen solchen Wunsch als Triebkraft des Traumes zu verschaffen. Um es in einem Gleichnisse zu sagen: Es ist sehr wohl möglich, daß ein Tagesgedanke die Rolle des *Unternehmers* für den Traum spielt; aber der Unternehmer, der, wie man sagt, die Idee hat und den Drang, sie in Tat umzusetzen, kann doch ohne Kapital nichts machen; er braucht einen Kapitalisten, der den Aufwand bestreitet, und dieser Kapitalist, der den psychischen Aufwand für den Traum beistellt, ist allemal und unweigerlich, was immer auch der Tagesgedanke sein mag, *ein Wunsch aus dem Unbewußten.*“

Wer die Feinheit in der Struktur solcher Gebilde wie der Träume kennengelernt hat, wird nicht überrascht sein zu finden, daß der Wunsch, der Vater möge die Stelle des versuchenden Mannes einnehmen, nicht etwa beliebiges Kindheitsmaterial zur Erinnerung bringt, sondern gerade solches, das auch die intimsten Beziehungen zur Unterdrückung dieser Versuchung unterhält. Denn wenn Dora sich unfähig fühlt, der Liebe zu diesem Manne nachzugeben, wenn es zur Verdrängung dieser Liebe anstatt zur Hingebung kommt, so hängt diese Entscheidung mit keinem anderen Moment inniger zusammen als mit ihrem vorzeitigen Sexualgenusse und mit dessen Folgen, dem Bettnässen, dem Katarrh und dem Ekel. Eine solche Vorgeschichte kann je nach der Summation der konstitutionellen Bedingungen zweierlei Verhalten gegen die Liebesanforderung in reifer Zeit begründen, entweder die volle widerstandslose, ins Perverse greifende Hingebung an die Sexualität oder in der Reaktion die Ablehnung derselben unter neurotischer Erkrankung. Konstitution und die Höhe der intellektuellen und moralischen Erziehung hatten bei unserer Patientin für das letztere den Ausschlag gegeben.

Ich will noch besonders darauf aufmerksam machen, daß wir von der Analyse dieses Traumes aus den Zugang zu Einzelheiten der pathogen wirksamen Erlebnisse gefunden haben, die der Erinnerung oder wenigstens der Reproduktion sonst nicht zugänglich gewesen waren. Die Erinnerung an das Bettnässen der Kindheit war, wie sich ergab, bereits verdrängt. Die Einzelheiten der Nachstellung von Seiten des Herrn K. hatte Dora niemals erwähnt, sie waren ihr nicht eingefallen.

Noch einige Bemerkungen zur Synthese dieses Traumes. Die Traumarbeit nimmt ihren Anfang am Nachmittage des zweiten Tages nach der Szene im Walde, nachdem sie bemerkt, daß sie ihr Zimmer nicht mehr verschließen kann. Da sagt sie sich: Hier droht mir ernste Gefahr, und bildet den Vorsatz, nicht allein im Hause zu bleiben, sondern mit dem Papa abzureisen. Dieser Vorsatz wird traumbildungsfähig, weil er sich ins Unbewußte fortzusetzen vermag. Dort entspricht ihm, daß sie die infantile Liebe zum Vater als Schutz gegen die aktuelle Versuchung aufruft. Die Wendung, die sich dabei in ihr vollzieht, fixiert sich und führt sie auf den Standpunkt, den ihr *überwertiger* Gedankengang vertritt (Eifersucht gegen Frau K. wegen des Vaters, als ob sie in ihn verliebt wäre). Es kämpfen in ihr die Versuchung, dem werbenden Manne nachzugeben, und das zusammengesetzte Sträuben dagegen. Letzteres ist zusammengesetzt aus Motiven der Wohlanständigkeit und Besonnenheit, aus feindseligen Regungen infolge der Eröffnung der Gouvernante (Eifersucht, gekränkter Stolz, siehe unten) und aus einem neurotischen Elemente, dem in ihr vorbereiteten Stücke Sexualabneigung, welches auf ihrer Kindergeschichte fußt. Die zum Schutze gegen die Versuchung wachgerufene Liebe zum Vater stammt aus dieser Kindergeschichte.

Der Traum verwandelt den im Unbewußten vertieften Vorsatz, sich zum Vater zu flüchten, in eine Situation, die den Wunsch, der Vater möge sie aus der Gefahr retten, erfüllt zeigt. Dabei ist ein im Wege stehender Gedanke beiseite zu schieben, der Vater ist es ja, der sie in diese Gefahr gebracht hat. Die hier unterdrückte feindselige Regung (Racheneigung) gegen den Vater werden wir als einen der Motoren des zweiten Traumes kennenlernen.

Nach den Bedingungen der Traumbildung wird die phantasierte Situation so gewählt, daß sie eine infantile Situation wiederholt. Ein besonderer Triumph ist es, wenn es gelingt, eine rezente, etwa gerade die Situation des Traumanlasses, in eine infantile zu verwandeln. Das gelingt hier durch reine Zufälligkeit des Materials. So wie Herr K. vor ihrem Lager gestanden und sie geweckt, so tat es oft in Kinderjahren der Vater. Ihre ganze Wendung läßt sich treffend symbolisieren, indem sie in dieser Situation Herrn K. durch den Vater ersetzt.

Der Vater weckte sie aber seinerzeit, damit sie das Bett nicht naß mache.

Dieses „Naß“ wird bestimmend für den weiteren Trauminhalt, in welchem es aber nur durch eine entfernte Anspielung und durch seinen Gegensatz vertreten ist.

Der Gegensatz von „Naß“, „Wasser“ kann leicht „Feuer“, „Brennen“ sein. Die Zufälligkeit, daß der Vater bei der Ankunft an dem Orte Angst vor Feuersgefahr geäußert hatte, hilft mit, um zu entscheiden, daß die Gefahr, aus welcher der Vater sie rettet, eine Brandgefahr sei. Auf diesen Zufall und auf den Gegensatz zu „Naß“ stützt sich die gewählte Situation des Traumbildes: Es brennt, der Vater steht vor ihrem Bette, um sie zu wecken. Die zufällige Äußerung des Vaters gelangte wohl nicht zu dieser Bedeutung im Trauminhalte, wenn sie nicht so vortrefflich zu der siegreichen Gefühlsströmung stimmen würde, die in dem Vater durchaus den Helfer und Retter finden will. Er hat die Gefahr gleich bei der Ankunft geahnt, er hat recht gehabt! (In Wirklichkeit hatte er das Mädchen in diese Gefahr gebracht.)

In den Traumgedanken fällt dem „Naß“ infolge leicht herstellbarer Beziehungen die Rolle eines Knotenpunktes für mehrere Vorstellungskreise zu. „Naß“ gehört nicht allein dem Bettnässen an, sondern auch dem Kreise der sexuellen Versuchungsgedanken, die unterdrückt hinter diesem Trauminhalte stehen. Sie weiß, daß es auch ein Naßwerden beim sexuellen Verkehre gibt, daß der Mann dem Weib etwas Flüssiges in *Tropfenform* bei der Begattung schenkt. Sie weiß, daß gerade darin die Gefahr besteht, daß ihr die Aufgabe gestellt wird, das Genitale vor dem Benetztwerden zu hüten.

Mit „Naß“ und „Tropfen“ erschließt sich gleichzeitig der andere Assoziationskreis, der des ekelhaften Katarrhs, der in ihren reiferen Jahren wohl die nämliche beschämende Bedeutung hat wie in der Kinderzeit das Bettnässen. „Naß“ wird hier gleichbedeutend mit „verunreinigt“. Das Genitale, das reingehalten werden soll, ist ja schon durch den Katarrh verunreinigt, übrigens bei der Mama geradeso wie bei ihr. Sie scheint zu verstehen, daß die Reinlichkeitssucht der Mama die Reaktion gegen diese Verunreinigung ist.

Beide Kreise treffen in dem einen zusammen: Die Mama hat beides vom Papa bekommen, das sexuelle Naß und den verunreinigenden *fluor*. Die Eifersucht gegen die Mama ist untrennbar von dem Gedankenkreise der hier zum Schutze aufgerufenen infantilen Liebe zum Vater. Aber darstellungsfähig ist dieses Material noch nicht. Läßt sich aber eine Erinnerung finden, die mit beiden Kreisen des „Naß“ in ähnlich guter Beziehung steht, aber das Anstößige vermeidet, so wird diese die Vertretung im Trauminhalte übernehmen können.

Eine solche findet sich in der Begebenheit von den „Tropfen“, die sich die Mama als Schmuck gewünscht. Anscheinend ist die Verknüpfung dieser

Reminiszenz mit den beiden Kreisen des sexuellen Naß und der Verunreinigung eine äußerliche, oberflächliche, durch die Worte vermittelt, denn „Tropfen“ ist als „Wechsel“, als zweideutiges Wort verwendet, und „Schmuck“ ist so viel als „rein“, ein etwas gezwungener Gegensatz zu „verunreinigt“. In Wirklichkeit sind die festesten inhaltlichen Verknüpfungen nachweisbar. Die Erinnerung stammt aus dem Material der infantil wurzelnden, aber weit fortgesetzten Eifersucht gegen die Mama. Über die beiden Wortbrücken kann alle Bedeutung, die an den Vorstellungen vom sexuellen Verkehre zwischen den Eltern, von der Fluorerkrankung und von der quälenden Reinmacherei der Mama haftet, auf die eine Reminiszenz von den „Schmucktropfen“ übergeführt werden.

Doch muß noch eine weitere Verschiebung für den Trauminhalt Platz greifen. Nicht das dem ursprünglichen „Naß“ nähere „Tropfen“, sondern das entferntere „Schmuck“ gelangt zur Aufnahme in den Traum. Es hätte also heißen können, wenn dieses Element in die vorher fixierte Traumsituation eingefügt wird: Die Mama will noch ihren Schmuck retten. In der neuen Abänderung „Schmuckkästchen“ macht sich nun nachträglich der

Einfluß von Elementen aus dem unterliegenden Kreise der Versuchung durch Herrn K. geltend. Schmuck hat ihr Herr K. nicht geschenkt, wohl aber ein „Kästchen“ dafür, die Vertretung all der Auszeichnungen und Zärtlichkeiten, für die sie jetzt dankbar sein sollte. Und das jetzt entstandene Kompositum „Schmuckkästchen“ hat noch einen besonderen vertretenden Wert. Ist „Schmuckkästchen“ nicht ein gebräuchliches Bild für das unbefleckte, unversehrte, weibliche Genitale? Und anderseits ein harmloses Wort, also vortrefflich geeignet, die sexuellen Gedanken hinter dem Traum ebensosehr anzudeuten wie zu verstecken?

So heißt es also im Trauminhalte an zwei Stellen: „Schmuckkästchen der Mama“, und dies Element ersetzt die Erwähnung der infantilen Eifersucht, der Tropfen, also des sexuellen Nassen, der Verunreinigung durch den *fluor* und anderseits der jetzt aktuellen Versuchungsgedanken, die auf Gegenliebe dringen und die bevorstehende – ersehnte und drohende – sexuelle Situation ausmalen. Das Element „Schmuckkästchen“ ist wie kein anderes ein Verdichtungs- und Verschiebungsergebnis und ein Kompromiß gegensätzlicher Strömungen. Auf seine mehrfache

Herkunft – aus infantiler wie aus aktueller Quelle – deutet wohl sein zweimaliges Auftreten im Trauminhalte.

Der Traum ist die Reaktion auf ein frisches, erregend wirkendes Erlebnis, welches notwendigerweise die Erinnerung an das einzige analoge Erlebnis früherer Jahre wecken muß. Dies ist die Szene mit dem Kusse im Laden, bei dem der Ekel auftrat. Dieselbe Szene ist aber assoziativ von anderswoher zugänglich, von dem Gedankenkreise des Katarrhs und von dem der aktuellen Versuchung aus. Sie liefert also einen eigenen Beitrag zum Trauminhalte, der sich der vorgebildeten Situation anpassen muß. Es brennt ... der Kuß hat wohl nach Rauch geschmeckt, sie riecht also Rauch im Trauminhalte, der sich hier über das Erwachen fortsetzt.

In der Analyse dieses Traumes habe ich leider aus Unachtsamkeit eine Lücke gelassen. Dem Vater ist die Rede in den Mund gelegt: Ich will nicht, daß meine beiden Kinder usw. (hier ist wohl aus den Traumgedanken einzufügen: an den Folgen der Masturbation) zugrunde gehen. Solche Traumrede ist regelmäßig aus Stücken realer, gehaltener oder gehörter Rede zusammengesetzt. Ich hätte mich nach der realen Herkunft dieser Rede erkundigen sollen. Das Ergebnis dieser Nachfrage hätte den Aufbau des Traumes zwar verwickelter ergeben, aber dabei gewiß auch durchsichtiger erkennen lassen.

Soll man annehmen, daß dieser Traum damals in L. genau den nämlichen Inhalt gehabt hat wie bei seiner Wiederholung während der Kur? Es scheint nicht notwendig. Die Erfahrung zeigt, daß die Menschen häufig behaupten, sie hätten denselben Traum gehabt, während sich die einzelnen Erscheinungen des wiederkehrenden Traumes durch zahlreiche Details und sonst weitgehende Abänderungen unterscheiden. So berichtet eine meiner Patientinnen, sie habe heute wieder ihren stets in gleicher Weise wiederkehrenden Lieblingstraum gehabt, daß sie im blauen Meere schwimme, mit Genuß die Wogen teile usw. Nähere Nachforschung ergibt, daß auf dem gemeinsamen Untergrunde das eine Mal dies, das andere Mal jenes Detail aufgetragen ist; ja, einmal schwamm sie im Meere, während es gefroren war, mitten zwischen Eisbergen. Andere Träume, die sie selbst nicht mehr für die nämlichen auszugeben versucht, zeigen sich mit diesen wiederkehrenden innig verknüpft. Sie sieht z. B. nach einer Fotografie gleichzeitig das

Ober- und das Unterland von Helgoland in realen Dimensionen, auf dem Meere ein Schiff, in dem sich zwei Jugendbekannte von ihr befinden usw.

Sicher ist, daß der während der Kur vorfallende Traum Doras – vielleicht ohne seinen manifesten Inhalt zu ändern – eine neue aktuelle Bedeutung gewonnen hatte. Er schloß unter seinen Traumgedanken eine Beziehung zu meiner Behandlung ein und entsprach einer Erneuerung des damaligen Vorsatzes, sich einer Gefahr zu entziehen. Wenn keine Erinnerungstäuschung von ihrer Seite im Spiele war, als sie behauptete, den Rauch nach dem Erwachen schon in L. verspürt zu haben, so ist anzuerkennen, daß sie meinen Ausspruch: „Wo Rauch ist, da ist Feuer“ sehr geschickt unter die fertige Traumform gebracht, wo er zur Überdeterminierung des letzten Elementes verwendet erscheint. Ein unleugbarer Zufall war es, daß ihr der letzte aktuelle Anlaß, das Verschließen des Speisezimmers von Seiten der Mutter, wodurch der Bruder in seinem Schlafräume eingeschlossen blieb, eine Anknüpfung an die Nachstellung des Herrn K. in L. brachte, wo ihr Entschluß zur Reife kam, als sie ihr Schlafzimmer nicht verschließen konnte. Vielleicht kam der Bruder in den damaligen

Träumen nicht vor, so daß die Rede „meine beiden Kinder“ erst nach dem letzten Anlasse in den Trauminhalt gelangte.

Der zweite Traum

Wenige Wochen nach dem ersten fiel der zweite Traum vor, mit dessen Erledigung die Analyse abbrach. Er ist nicht so voll durchsichtig zu machen wie der erste, brachte aber eine erwünschte Bestätigung einer notwendig gewordenen Annahme über den Seelenzustand der Patientin, füllte eine Gedächtnislücke aus und ließ einen tiefen Einblick in die Entstehung eines anderen ihrer Symptome gewinnen.

Dora erzählte: *Ich gehe in einer Stadt, die ich nicht kenne, spazieren, sehe Straßen und Plätze, die mir fremd sind. Ich komme dann in ein Haus, wo ich wohne, gehe auf mein Zimmer und finde dort einen Brief der Mama liegen. Sie schreibt: Da ich ohne Wissen der Eltern vom Hause fort bin, wollte sie mir nicht schreiben, daß der Papa erkrankt ist. Jetzt ist er gestorben, und wenn Du willst, kannst Du kommen. Ich gehe nun zum Bahnhofe und frage etwa 100mal: Wo ist der Bahnhof? Ich bekomme immer die Antwort:*

Fünf Minuten. Ich sehe dann einen dichten Wald vor mir, in den ich hineingehe, und frage dort einen Mann, dem ich begegne. Er sagt mir: Noch 2½ Stunden. Er bietet mir an, mich zu begleiten. Ich lehne ab und gehe allein. Ich sehe den Bahnhof vor mir und kann ihn nicht erreichen. Dabei ist das gewöhnliche Angstgefühl, wenn man im Traume nicht weiter kommt. Dann bin ich zu Hause, dazwischen muß ich gefahren sein, davon weiß ich aber nichts. – Trete in die Portierloge und frage ihn nach unserer Wohnung. Das Dienstmädchen öffnet mir und antwortet: Die Mama und die anderen sind schon auf dem Friedhofe.

Die Deutung dieses Traumes ging nicht ohne Schwierigkeiten vor sich. Infolge der eigentümlichen, mit seinem Inhalte verknüpften Umstände, unter denen wir abbrachen, ist nicht alles geklärt worden, und damit hängt wieder zusammen, daß meine Erinnerung die Reihenfolge der Erschließungen nicht überall gleich sicher bewahrt hat. Ich schicke noch voraus, welches Thema der fortlaufenden Analyse unterlag, als sich der Traum einmengte. Dora warf seit einiger Zeit selbst Fragen über den Zusammenhang ihrer Handlungen mit den zu vermutenden Motiven auf. Eine dieser Fragen war: Warum habe ich die ersten Tage nach der Szene am See noch darüber geschwiegen? Die zweite: Warum habe ich dann plötzlich den Eltern davon erzählt? Ich fand es überhaupt noch der Erklärung bedürftig, daß sie sich durch die Werbung K.s so schwer gekränkt gefühlt, zumal da mir die Einsicht aufzugehen begann, daß die Werbung um Dora auch für Herrn K. keinen leichtsinnigen Verführungsversuch bedeutet hatte. Daß sie von dem Vorfalle ihre Eltern in Kenntnis gesetzt, legte ich als eine Handlung aus, die bereits unter dem Einflüsse krankhafter Rachsucht stand. Ein normales Mädchen wird, so sollte ich meinen, allein mit solchen Angelegenheiten fertig.

Ich werde also das Material, welches sich zur Analyse dieses Traumes einstellte, in der ziemlich bunten Ordnung, die sich in meiner Reproduktion ergibt, vorbringen.

Sie irrt allein in einer fremden Stadt, sieht Straßen und Plätze. Sie versichert, es war gewiß nicht B., worauf ich zuerst geraten hatte, sondern eine Stadt, in der sie nie gewesen war. Es lag nahe, fortzusetzen: Sie können ja Bilder oder Fotografien gesehen haben, denen Sie die Traumbilder entnehmen. Nach dieser

Bemerkung stellt sich der Nachtrag von dem Monumente auf einem Platze ein und dann sofort die Kenntnis der Quelle. Sie hatte zu den Weihnachtsfeiertagen ein Album mit Stadtansichten aus einem deutschen Kurorte bekommen und dasselbe gerade gestern hervorgesucht, um es den Verwandten, die bei ihnen zu Gast waren, zu zeigen. Es lag in einer Bilderschachtel, die sich nicht gleich vorfand, und sie fragte die Mama: *Wo ist die Schachtel?* Eines der Bilder zeigte einen Platz mit einem Monumente. Der Spender aber war ein junger Ingenieur, dessen flüchtige Bekanntschaft sie einst in der Fabrikstadt gemacht hatte. Der junge Mann hatte eine Stellung in Deutschland angenommen, um rascher zur Selbständigkeit zu kommen, benützte jede Gelegenheit, um sich in Erinnerung zu bringen, und es war leicht zu erraten, daß er vorhabe, seinerzeit, wenn sich seine Position gebessert, mit einer Werbung um Dora hervorzutreten. Aber das brauchte noch Zeit, da hieß es warten.

Das Umherwandern in einer fremden Stadt war überdeterminiert. Es führte zu einem der Tagesanlässe. Zu den Feiertagen war ein jugendlicher Kusin auf Besuch gekommen, dem sie jetzt die Stadt Wien zeigen mußte. Dieser Tagesanlaß war freilich ein höchst indifferenter. Der Vetter erinnerte sie aber an einen kurzen ersten Aufenthalt in Dresden. Damals wanderte sie als Fremde herum, versäumte natürlich nicht, die berühmte Galerie zu besuchen. Ein anderer Vetter, der mit ihnen war und Dresden kannte, wollte den Führer durch die Galerie machen. *Aber sie wies ihn ab und ging allein*, blieb vor den Bildern stehen, die ihr gefielen. Vor der Sixtina verweilte sie *zwei Stunden* lang in still träumender Bewunderung. Auf die Frage, was ihr an dem Bilde so sehr gefallen, wußte sie nichts Klares zu antworten. Endlich sagte sie: Die Madonna.

Daß diese Einfälle wirklich dem traumbildenden Material angehören, ist doch gewiß. Sie schließen Bestandteile ein, die wir unverändert im Trauminhalte wiederfinden (sie wies ihn ab und ging allein – zwei Stunden). Ich merke bereits, daß „Bilder" einem Knotenpunkte in dem Gewebe der Traumgedanken entsprechen (die Bilder im Album – die Bilder in Dresden). Auch das Thema der *Madonna*, der jungfräulichen Mutter, möchte ich für weitere Verfolgung herausgreifen. Vor allem aber sehe ich, daß sie sich in diesem ersten Teile des

Traumes mit einem jungen Manne identifiziert. Er irrt in der Fremde herum, er bestrebt sich, ein Ziel zu erreichen, aber er wird hingehalten, er braucht Geduld, er muß warten. Wenn sie dabei an den Ingenieur dachte, so hätte es gestimmt, daß dieses Ziel der Besitz eines Weibes, ihrer eigenen Person, sein sollte. Anstatt dessen war es ein – Bahnhof, für den wir allerdings nach dem Verhältnisse der Frage im Traume zu der wirklich getanen Frage eine *Schachtel* einsetzen dürfen. Eine Schachtel und ein Weib, das geht schon besser zusammen.

Sie fragt wohl hundertmal... Das führt zu einer anderen, minder indifferenten Veranlassung des Traumes. Gestern abends nach der Gesellschaft bat sie der Vater, ihm den Cognac zu holen; er schlafe nicht, wenn er nicht vorher Cognac getrunken. Sie verlangte den Schlüssel zum Speisekasten von der Mutter, aber die war in ein Gespräch verwickelt und gab ihr keine Antwort, bis sie mit der ungeduldigen Übertreibung herausfuhr: Jetzt habe ich dich schon *hundertmal* gefragt, wo der Schlüssel ist. In Wirklichkeit hatte sie die Frage natürlich nur etwa *fünfmal wiederholt*.

Wo ist der Schlüssel? scheint mir das männliche Gegenstück zur Frage: Wo ist die Schachtel? (siehe den ersten Traum). Es sind also Fragen – nach den Genitalien.

In derselben Versammlung Verwandter hatte jemand einen Trinkspruch auf den Papa gehalten und die Hoffnung ausgesprochen, daß er noch lange in bester Gesundheit usw. Dabei hatte es so eigentümlich in den müden Mienen des Vaters gezuckt, und sie hatte verstanden, welche Gedanken er zu unterdrücken hatte. Der arme kranke Mann! Wer konnte wissen, wie lange Lebensdauer ihm noch beschieden war.

Damit sind wir beim *Inhalte des Briefes* im Traume angelangt. Der Vater war gestorben, sie hatte sich eigenmächtig vom Haus entfernt. Ich mahnte sie bei dem Briefe im Traume sofort an den Abschiedsbrief, den sie den Eltern geschrieben oder wenigstens für die Eltern aufgesetzt hatte. Dieser Brief war bestimmt, den Vater in Schrecken zu versetzen, damit er von Frau K. ablasse, oder wenigstens an ihm Rache zu nehmen, wenn er dazu nicht zu bewegen sei. Wir stehen beim Thema ihres Todes und beim Tode ihres Vaters (*Friedhof* später im Traume). Gehen wir irre, wenn wir annehmen, daß die Situation, welche die Fassade des Traumes bildet, einer Rachephantasie gegen den Vater entspricht?

Die mitleidigen Gedanken vom Tage vorher würden gut dazu stimmen. Die Phantasie aber lautete: Sie ginge von Haus weg in die Fremde, und dem Vater würde aus Kummer darüber, vor Sehnsucht nach ihr das Herz brechen. Dann wäre sie gerächt. Sie verstand ja sehr gut, was dem Vater fehlte, der jetzt nicht ohne Cognac schlafen konnte.

Wir wollen uns die *Rachsucht* als ein neues Element für eine spätere Synthese der Traumgedanken merken.

Der Inhalt des Briefes mußte aber weitere Determinierung zulassen. Woher stammte der Zusatz: *Wenn Du willst?*

Da fiel ihr der Nachtrag ein, daß hinter dem Worte „willst" ein Fragezeichen gestanden hatte, und damit erkannte sie auch diese Worte als Zitat aus dem Briefe der Frau K., welcher die Einladung nach L. (am See) enthalten hatte. In ganz auffälliger Weise stand in diesem Briefe nach der Einschaltung: „wenn Du kommen willst?" mitten im Gefüge des Satzes ein Fragezeichen.

Da wären wir also wieder bei der Szene am See und bei den Rätseln, die sich an sie knüpften. Ich bat sie, mir diese Szene einmal ausführlich zu erzählen. Sie brachte zuerst nicht viel Neues. Herr K. hatte eine einigermaßen ernsthafte Einleitung vorgebracht; sie ließ ihn aber nicht ausreden. Sobald sie nur verstanden hatte, um was es sich handle, schlug sie ihm ins Gesicht und eilte davon. Ich wollte wissen, welche Worte er gebraucht; sie erinnert sich nur an seine Begründung: „Sie wissen, ich habe nichts an meiner Frau." Sie wollte dann, um nicht mehr mit ihm zusammenzutreffen, den Weg nach L. zu Fuß um den See machen und *fragte einen Mann, der ihr begegnete, wie weit sie dahin habe*. Auf seine Antwort: „*2½ Stunden*" gab sie diese Absicht auf und suchte doch wieder das Schiff auf, das bald nachher abfuhr. Herr K. war auch wieder da, näherte sich ihr, bat sie, ihn zu entschuldigen und nichts von dem Vorfalle zu erzählen. Sie gab aber keine Antwort. – Ja, der *Wald* im Traume war ganz ähnlich dem Walde am Seeufer, in dem sich die eben von neuem beschriebene Szene abgespielt hatte. Genau den nämlichen dichten Wald hatte sie aber gestern auf einem Gemälde in der Sezessionsausstellung gesehen. Im Hintergrunde des Bildes sah man *Nymphen*.

Jetzt wurde ein Verdacht bei mir zur Gewißheit. *Bahnhof* und *Friedhof*, an Stelle von weiblichen Genitalien, war auffällig genug, hatte aber meine geschärfte Aufmerksamkeit auf das ähnlich gebildete „*Vorhof*“: gelenkt, einen anatomischen Terminus für eine bestimmte Region der weiblichen Genitalien. Aber das konnte ein witziger Irrtum sein. Nun, da die „Nymphen“ dazukamen, die man im Hintergrunde des „dichten Waldes“ sieht, war ein Zweifel nicht mehr gestattet. Das war symbolische Sexualgeographie! Nymphen nennt man, wie dem Arzte, aber nicht dem Laien bekannt, wie übrigens auch ersterem nicht sehr gebräuchlich, die kleinen Labien im Hintergrunde des „dichten Waldes“ von Schamhaaren. Wer aber solche technische Namen wie „Vorhof“ und „Nymphen“ gebrauchte, der mußte seine Kenntnis aus Büchern geschöpft haben, und zwar nicht aus populären, sondern aus anatomischen Lehrbüchern oder aus einem Konversationslexikon, der gewöhnlichen Zuflucht der von sexueller Neugierde verzehrten Jugend. Hinter der ersten Situation des Traumes verbarg sich also, wenn diese Deutung richtig war, eine Deflorationsphantasie, wie ein Mann sich bemüht, ins weibliche Genitale einzudringen.

Ich teilte ihr meine Schlüsse mit. Der Eindruck muß zwingend gewesen sein, denn es kam sofort ein vergessenes Stückchen des Traumes nach: *Daß sie ruhigauf ihr Zimmer geht und in einem großen Buch liest, welches auf ihrem Schreibtische liegt*. Der Nachdruck liegt hier auf den beiden Details: ruhig und groß bei Buch. Ich fragte: War es Lexikonformat? Sie bejahte. Nun lesen Kinder über verbotene Materien niemals *ruhig* im Lexikon nach. Sie zittern und bangen dabei und schauen sich ängstlich um, ob wohl jemand kommt. Die Eltern sind bei solcher Lektüre sehr im Wege. Aber die wunscherfüllende Kraft des Traumes hatte die unbehagliche Situation gründlich verbessert. Der Vater war tot und die anderen schon auf den Friedhof gefahren. Sie konnte ruhig lesen, was ihr beliebte. Sollte das nicht heißen, daß einer ihrer Gründe zur Rache auch die Auflehnung gegen den Zwang der Eltern war? Wenn der Vater tot war, dann konnte sie lesen oder lieben, wie sie wollte. Zunächst wollte sie sich nun nicht erinnern, daß sie je im Konversationslexikon gelesen, dann gab sie zu, daß eine solche Erinnerung in ihr auftauchte, freilich harmlosen Inhaltes. Zur Zeit, als die geliebte Tante so schwer krank und ihre Reise nach Wien schon beschlossen war, kam von einem anderen Onkel ein *Brief*, sie könnten nicht nach Wien reisen, ein Kind, also ein Vetter Doras, sei gefährlich an Blinddarmentzündung erkrankt. Damals las sie im Lexikon nach, welches die Symptome einer Blinddarmentzündung seien. Von dem, was sie gelesen, erinnert sie noch den charakteristisch lokalisierten Schmerz im Leibe.

Nun erinnerte ich, daß sie kurz nach dem Tode der Tante eine angebliche Blinddarmentzündung in Wien durchgemacht. Ich hatte mich bisher nicht getraut, diese Erkrankung zu ihren hysterischen Leistungen zu rechnen. Sie erzählte, daß sie die ersten Tage hoch gefiebert und denselben Schmerz im Unterleibe verspürt, von dem sie im Lexikon gelesen. Sie habe kalte Umschläge bekommen, sie aber nicht vertragen; am zweiten Tage sei unter heftigen Schmerzen die seit ihrem Kranksein sehr unregelmäßige Periode eingetreten. An Stuhlverstopfung habe sie damals konstant gelitten.

Es ging nicht recht an, diesen Zustand als einen rein hysterischen aufzufassen. Wenn auch hysterisches Fieber unzweifelhaft vorkommt, so schien es doch willkürlich, das Fieber dieser fraglichen Erkrankung auf Hysterie anstatt auf eine organische, damals wirksame Ursache zu beziehen. Ich wollte die Spur wieder aufgeben, als sie selbst weiterhalf, indem sie den letzten Nachtrag zum Traume brachte: *Sie sehe sich besonders deutlich die Treppe hinaufgehen*.

Dafür verlangte ich natürlich eine besondere Determinierung. Ihren wohl nicht ernsthaft gemeinten Einwand, daß sie ja die Treppe hinaufgehen müsse, wenn sie in ihre im Stocke gelegene Wohnung wolle, konnte ich leicht mit der Bemerkung abweisen, wenn sie im Traume von der fremden Stadt nach Wien reisen und dabei die Eisenbahnfahrt übergehen könne, so dürfe sie sich auch über die Stufen der Treppe im Traume hinwegsetzen. Sie erzählte dann weiter: Nach der Blinddarmentzündung habe sie schlecht gehen können, weil sie den rechten Fuß nachgezogen. Das sei lange so geblieben, und sie hätte darum besonders Treppen gerne vermieden. Noch jetzt bleibe der Fuß manchmal zurück. Die Ärzte, die sie auf Verlangen des Vaters konsultierte, hätten sich über diesen ganz ungewöhnlichen Rest nach einer Blinddarmentzündung sehr verwundert, besonders da der Schmerz im Leibe nicht wieder aufgetreten sei und keineswegs das Nachziehen des Fußes begleitete.

Das war also ein richtiges hysterisches Symptom. Mochte auch das Fieber damals organisch bedingt gewesen sein – etwa durch eine der so häufigen Influenza-Erkrankungen ohne besondere Lokalisation – so war doch sichergestellt, daß sich die Neurose des Zufalles bemächtigte, um ihn für eine ihrer Äußerungen zu verwerten. Sie hatte sich also eine Krankheit angeschafft, über die sie im Lexikon nachgelesen, sich für diese Lektüre bestraft und mußte sich sagen, die Strafe konnte unmöglich der Lektüre des harmlosen Artikels gelten, sondern war durch eine Verschiebung zustande gekommen, nachdem an diese Lektüre sich eine andere, schuldvollere angeschlossen hatte, die sich heute in der Erinnerung hinter der gleichzeitigen harmlosen verbarg. Vielleicht ließ sich noch erforschen, über welche Themata sie damals gelesen hatte.

Was bedeutete denn der Zustand, der eine Perityphlitis nachahmen wollte? Der Rest der Affektion, das Nachziehen eines Beines, der zu einer Perityphlitis so gar nicht stimmte, mußte sich besser zu der geheimen, etwa sexuellen Bedeutung des Krankheitsbildes schicken und konnte seinerseits, wenn man ihn aufklärte, ein Licht auf diese gesuchte Bedeutung werfen. Ich versuchte, einen Zugang zu diesem Rätsel zu finden. Es waren im Traume Zeiten vorgekommen; die Zeit ist wahrlich nichts Gleichgültiges bei allem biologischen Geschehen. Ich fragte also, wann diese Blinddarmentzündung sich ereignet, ob früher oder später als die Szene am See. Die prompte, alle Schwierigkeiten mit einem Schlage lösende Antwort war: neun Monate nachher. Dieser Termin ist wohl charakteristisch. Die angebliche Blinddarmentzündung hatte also die Phantasie einer *Entbindung* realisiert mit den bescheidenen Mitteln, die der Patientin zu Gebote standen, den Schmerzen und der Periodenblutung. Sie kannte natürlich die Bedeutung dieses Termins und konnte die Wahrscheinlichkeit nicht in Abrede stellen, daß sie damals im Lexikon über Schwangerschaft und Geburt gelesen. Was war aber mit dem nachgezogenen Beine? Ich durfte jetzt ein Erraten versuchen. So geht man doch, wenn man sich den Fuß übertreten hat. Sie hatte also einen „Fehltritt" getan, ganz richtig, wenn sie neun Monate nach der Szene am See entbinden konnte. Nur mußte ich eine weitere Forderung aufstellen. Man kann – nach meiner Überzeugung – solche

Symptome nur dann bekommen, wenn man ein *infantiles* Vorbild für sie hat. Die Erinnerungen, die man von Eindrücken späterer Zeit hat, besitzen, wie ich nach meinen bisherigen Erfahrungen strenge festhalten muß, nicht die Kraft, sich als Symptome durchzusetzen. Ich wagte kaum zu hoffen, daß sie mir das gewünschte Material aus der Kinderzeit liefern würde, denn ich kann in Wirklichkeit obigen Satz, an den ich gerne glauben möchte, noch nicht allgemein aufstellen. Aber hier kam die Bestätigung *sofort*. Ja, sie hatte sich als Kind einmal denselben Fuß übertreten, sie war in B. beim *Heruntergehen* auf der *Treppe* über eine Stufe gerutscht; der Fuß, es war sogar der nämliche, den sie später nachzog, schwoll an, mußte bandagiert werden, sie lag einige Wochen ruhig. Es war kurze Zeit vor dem nervösen Asthma im achten Lebensjahre.

Nun galt es, den Nachweis dieser Phantasie zu verwerten: Wenn Sie neun Monate nach der Szene am See eine Entbindung durchmachen und dann mit den Folgen des Fehltrittes bis zum heutigen Tage herumgehen, so beweist dies, daß Sie im Unbewußten den Ausgang der Szene bedauert haben. Sie haben ihn also in ihrem unbewußten

Denken korrigiert. Die Voraussetzung Ihrer Entbindungsphantasie ist ja, daß damals etwas vorgegangen ist, daß Sie damals all das erlebt und erfahren haben, was Sie später aus dem Lexikon entnehmen mußten. Sie sehen, daß Ihre Liebe zu Herrn K. mit jener Szene nicht beendet war, daß sie sich, wie ich behauptet habe, bis auf den heutigen Tag – allerdings Ihnen unbewußt – fortsetzt. – Sie widersprach dem auch nicht mehr.

Die mütterliche Sehnsucht nach einem Kinde wäre bei Fortsetzung der Analyse wahrscheinlich als dunkles aber mächtiges Motiv ihres Handelns aufzudecken gewesen. – Die vielen Fragen, die sie in letzter Zeit aufgeworfen hatte, erscheinen wie Spätabkömmlinge der Fragen sexueller Wißbegierde, welche sie aus dem Lexikon zu befriedigen gesucht. Es ist anzunehmen, daß sie über Schwangerschaft, Entbindung, Jungfräulichkeit und ähnliche Themata nachgelesen. – Eine der Fragen, die in den Zusammenhang der zweiten Traumsituation einzufügen sind, hatte sie bei der Reproduktion des Traumes vergessen. Es konnte nur die Frage sein: Wohnt hier der Herr ***? oder: Wo wohnt der Herr ***? Es muß seinen Grund haben, daß sie diese scheinbar harmlose Frage vergessen, nachdem sie sie überhaupt in den Traum aufgenommen. Ich finde diesen Grund in dem Familiennamen selbst, der gleichzeitig Gegenstandsbedeutung hat, und zwar mehrfache, also einem *„zweideutigen"* Worte gleichgesetzt werden kann. Ich kann diesen Namen leider nicht mitteilen, um zu zeigen, wie geschickt er verwendet worden ist, um „Zweideutiges" und „Unanständiges" zu bezeichnen. Es stützt diese Deutung, wenn wir in anderer Region des Traumes, wo das Material aus den Erinnerungen an den Tod der Tante stammt, in dem Satze „Sie sind schon auf den Friedhof gefahren" gleichfalls eine Wortanspielung auf den *Namen* der Tante finden. In diesen unanständigen Worten wäre wohl der Hinweis auf eine zweite *mündliche* Quelle gelegen, da für sie das Wörterbuch nicht ausreicht. Ich wäre nicht erstaunt gewesen zu hören, daß Frau K. selbst, die Verleumderin, diese Quelle war. Dora hätte dann gerade sie edelmütig verschont, während sie die anderen Personen mit nahezu tückischer Rache verfolgte; hinter der schier unübersehbaren Reihe von Verschiebungen, die sich so ergeben, könnte man ein einfaches Moment, die tief wurzelnde homosexuelle Liebe zu Frau K., vermuten.

Diese Arbeiten zur Aufklärung des zweiten Traumes hatten zwei Stunden in Anspruch genommen. Als ich nach Schluß der zweiten Sitzung meiner Befriedigung über das Erreichte Ausdruck gab, antwortete sie geringschätzig: Was ist denn da viel herausgekommen? und bereitete mich so auf das Herannahen weiterer Enthüllungen vor.

Zur dritten Sitzung trat sie mit den Worten an: „Wissen Sie, Herr Doktor, daß ich heute das letzte Mal hier bin?“ – Ich kann es nicht wissen, da Sie mir nichts davon gesagt haben. – „Ja, ich habe mir vorgenommen, bis Neujahr halte ich es noch aus; länger will ich aber auf die Heilung nicht warten.“ – Sie wissen, daß Sie die Freiheit auszutreten immer haben. Heute wollen wir aber noch arbeiten. Wann haben Sie den Entschluß gefaßt? – „Vor 14 Tagen, glaube ich.“ – Das klingt ja wie von einem Dienstmädchen, einer Gouvernante, 14tägige Kündigung. – „Eine Gouvernante, die gekündigt hat, war auch damals bei K., als ich sie in L. am See besuchte.“ – So? von der haben Sie noch nie erzählt. Bitte erzählen Sie.

„Es war also ein junges Mädchen im Hause als Gouvernante der Kinder, die ein ganz merkwürdiges Benehmen gegen den Herrn zeigte. Sie grüßte ihn nicht, gab ihm keine Antwort, reichte ihm nichts bei Tisch, wenn er um etwas bat, kurz, behandelte ihn wie Luft. Er war übrigens auch nicht viel höflicher gegen sie. Einen oder zwei Tage vor der Szene am See nahm mich das Mädchen auf die Seite; sie habe mir etwas mitzuteilen. Sie erzählte mir dann, Herr K. habe sich ihr zu einer Zeit, als die Frau gerade für mehrere Wochen abwesend war, genähert, sie sehr umworben und sie gebeten, ihm gefällig zu sein; er habe nichts von seiner Frau usw." – Das sind ja dieselben Worte, die er dann in der Werbung um Sie gebraucht, bei denen Sie ihm den Schlag ins Gesicht gegeben. – „Ja. Sie gab ihm nach, aber nach kurzer Zeit kümmerte er sich nicht mehr um sie, und sie haßte ihn seitdem." – Und diese Gouvernante hatte gekündigt? – „Nein, sie wollte kündigen. Sie sagte mir, sie habe sofort, wie sie sich verlassen gefühlt, den Vorfall ihren Eltern mitgeteilt, die anständige Leute sind und irgendwo in Deutschland wohnen. Die Eltern verlangten, daß sie das Haus augenblicklich verlasse, und schrieben ihr dann, als sie es nicht tat, sie wollten nichts mehr von ihr wissen, sie dürfe nicht mehr nach Hause zurückkommen." – Und warum ging sie nicht fort? – „Sie sagte, sie wolle noch eine kurze Zeit abwarten, ob sich nichts bei Herrn K. ändere. So zu leben, halte sie nicht aus. Wenn sie keine Änderung sehe, werde sie kündigen und fortgehen." – Und was ist aus dem Mädchen geworden? – „Ich weiß nur, daß sie fortgegangen ist." – Ein Kind hat sie von dem Abenteuer nicht davongetragen? – „Nein."

Da war also – wie übrigens ganz regelrecht – inmitten der Analyse ein Stück tatsächlichen Materials zum Vorscheine gekommen, das früher aufgeworfene Probleme lösen half. Ich konnte Dora sagen: Jetzt kenne ich das Motiv jenes Schlages, mit dem Sie die Werbung beantwortet haben. Es war nicht Kränkung über die an Sie gestellte Zumutung, sondern eifersüchtige Rache. Als Ihnen das Fräulein seine Geschichte erzählte, machten Sie noch von Ihrer Kunst Gebrauch, alles beiseite zu schieben, was Ihren Gefühlen nicht paßte. In dem Moment, da Herr K. die Worte gebrauchte: Ich habe nichts an meiner Frau, die er auch zu dem Fräulein gesagt, wurden neue Regungen in Ihnen wachgerufen, und die Waagschale kippte um. Sie sagten sich: Er wagt es, mich zu behandeln wie eine Gouvernante, eine dienende Person? Diese Hochmutskränkung zur Eifersucht und zu den bewußten besonnenen Motiven hinzu: das war endlich zu viel. Zum Beweise, wie sehr Sie unter dem Eindrucke der Geschichte des Fräuleins stehen, halte ich Ihnen die wiederholten Identifizierungen mit ihr im Traume und in Ihrem Benehmen vor. Sie sagen es den Eltern, was wir bisher nicht verstanden haben, wie das Fräulein es den Eltern geschrieben hat. Sie kündigen mir wie eine Gouvernante mit 14tägiger Kündigung. Der Brief im Traume, der Ihnen erlaubt, nach Hause zu kommen, ist ein Gegenstück zum Briefe der Eltern des Fräuleins, die es ihr verboten hatten.

„Warum habe ich es dann den Eltern nicht gleich erzählt?"

Welche Zeit haben Sie denn verstreichen lassen?

„Am letzten Juni fiel die Szene vor; am 14. Juli habe ich's der Mutter erzählt."

Also wieder 14 Tage, der für eine dienende Person charakteristische Termin! Ihre Frage kann ich jetzt beantworten. Sie haben ja das arme Mädchen sehr wohl verstanden. Sie wollte nicht gleich fortgehen, weil sie noch hoffte, weil sie erwartete, daß Herr K. seine Zärtlichkeit ihr wieder zuwenden würde. Das muß also auch Ihr Motiv gewesen sein. Sie warteten den Termin ab, um zu sehen, ob er seine Werbung erneuern würde, daraus hätten Sie geschlossen, daß es ihm Ernst war und daß er nicht mit Ihnen spielen wollte wie mit der Gouvernante.

„In den ersten Tagen nach der Abreise schickte er noch eine Ansichtskarte."

Ja, als aber dann nichts weiter kam, da ließen Sie Ihrer Rache freien Lauf. Ich kann mir sogar vorstellen, daß damals noch Raum für die Nebenabsicht war, ihn durch die Anklage zum Hinreisen nach Ihrem Aufenthalte zu bewegen.

„... Wie er's uns ja auch zuerst angetragen hat", warf sie ein. – Dann wäre Ihre Sehnsucht nach ihm gestillt worden – hier nickte sie Bestätigung, was ich nicht erwartet hatte – und er hätte Ihnen die Genugtuung geben können, die Sie sich verlangten.

„Welche Genugtuung?"

Ich fange nämlich an zu ahnen, daß Sie die Angelegenheit mit Herrn K. viel ernster aufgefaßt haben, als Sie bisher verraten wollten. War zwischen den K. nicht oft von Scheidung die Rede?

„Gewiß, zuerst wollte sie nicht der Kinder wegen, und jetzt will sie, aber er will nicht mehr."

Sollten Sie nicht gedacht haben, daß er sich von seiner Frau scheiden lassen will, um Sie zu heiraten? Und daß er jetzt nicht mehr will, weil er keinen Ersatz hat? Sie waren freilich vor zwei Jahren sehr jung, aber Sie haben mir selbst von der Mama erzählt, daß sie mit 17 Jahren verlobt war und dann zwei Jahre auf ihren Mann gewartet hat. Die Liebesgeschichte der Mutter wird gewöhnlich zum Vorbilde für die Tochter. Sie wollten also auch auf ihn warten und nahmen an, daß er nur warte, bis Sie reif genug seien, seine Frau zu werden. Ich stelle mir vor, daß es ein ganz ernsthafter Lebensplan bei Ihnen war. Sie haben nicht einmal das Recht zu behaupten, daß eine solche Absicht bei Herrn K. ausgeschlossen war, und haben mir genug von ihm erzählt, was direkt auf eine solche Absicht deutet. Auch sein Benehmen in L. widerspricht dem nicht. Sie haben ihn ja nicht ausreden lassen und wissen nicht, was er Ihnen sagen wollte. Nebstbei wäre der Plan gar nicht so unmöglich auszuführen gewesen. Die Beziehungen des Papa zu Frau K., die Sie wahrscheinlich nur darum so lange unterstützt haben, boten Ihnen die Sicherheit, daß die Einwilligung der Frau zur Scheidung zu erreichen wäre, und beim Papa setzen Sie durch, was Sie wollen. Ja, wenn die Versuchung in L. einen anderen Ausgang genommen hätte, wäre dies für alle Teile die einzig mögliche Lösung gewesen. Ich meine auch, darum haben Sie den anderen Ausgang so bedauert und ihn in der Phantasie, die als Blinddarmentzündung auftrat, korrigiert. Es mußte also eine schwere Enttäuschung für Sie sein, als anstatt einer erneuten Werbung das Leugnen und die Schmähungen von Seiten des Herrn K. der Erfolg Ihrer Anklage wurden. Sie gestehen zu, daß nichts Sie so sehr in Wut bringen kann, als wenn man glaubt, Sie hätten sich die Szene am See eingebildet. Ich weiß nun, woran Sie nicht erinnert werden wollen, daß Sie sich eingebildet, die Werbung sei ernsthaft und Herr K. werde nicht ablassen, bis Sie ihn geheiratet.

Sie hatte zugehört, ohne wie sonst zu widersprechen. Sie schien ergriffen, nahm auf die liebenswürdigste Weise mit warmen Wünschen zum Jahreswechsel Abschied und – kam nicht wieder. Der Vater, der mich noch einige Male besuchte, versicherte, sie werde wiederkommen; man merke ihr die Sehnsucht nach der Fortsetzung der Behandlung an. Aber er war wohl nie ganz aufrichtig.

Er hatte die Kur unterstützt, solange er sich Hoffnung machen konnte, ich würde Dora „ausreden“, daß zwischen ihm und Frau K. etwas anderes als Freundschaft bestehe. Sein Interesse erlosch, als er merkte, daß dieser Erfolg nicht in meiner Absicht liege. Ich wußte, daß sie nicht wiederkommen würde. Es war ein unzweifelhafter Racheakt, daß sie in so unvermuteter Weise, als meine Erwartungen auf glückliche Beendigung der Kur den höchsten Stand einnahmen, abbrach und diese Hoffnungen vernichtete. Auch ihre Tendenz zur Selbstschädigung fand ihre Rechnung bei diesem Vorgehen. Wer wie ich die bösesten Dämonen, die unvollkommen gebändigt in einer menschlichen Brust wohnen, aufweckt, um sie zu bekämpfen, muß darauf gefaßt sein, daß er in diesem Ringen selbst nicht unbeschädigt bleibe. Ob ich das Mädchen bei der Behandlung erhalten hätte, wenn ich mich selbst in eine Rolle gefunden, den Wert ihres Verbleibens für mich übertrieben und ihr ein warmes Interesse bezeigt hätte, das bei aller Milderung durch meine Stellung als Arzt doch wie ein Ersatz für die von ihr ersehnte Zärtlichkeit ausgefallen wäre? Ich weiß es nicht. Da ein Teil der Faktoren, die sich als Widerstand entgegenstellen, in jedem Falle unbekannt bleibt, habe ich es immer vermieden, Rollen zu spielen, und mich mit anspruchsloserer psychologischer Kunst begnügt. Bei allem theoretischen Interesse und allem ärztlichen Bestreben zu helfen, halte ich mir doch vor, daß der psychischen Beeinflussung notwendig Grenzen gesetzt sind, und respektiere als solche auch den Willen und die Einsicht des Patienten.

Ich weiß auch nicht, ob Herr K. mehr erreicht hätte, wäre ihm verraten worden, daß jener Schlag ins Gesicht keineswegs ein endgültiges „Nein“ Doras bedeutete, sondern der zuletzt geweckten Eifersucht entsprach, während noch die stärksten Regungen ihres Seelenlebens für ihn Partei nahmen. Würde er dieses erste „Nein“ überhört und seine Werbung mit überzeugender Leidenschaft fortgesetzt haben, so hätte der Erfolg leicht sein können, daß die Neigung des Mädchens sich über alle inneren Schwierigkeiten hinweggesetzt hätte. Aber ich meine, vielleicht ebenso leicht wäre sie nur gereizt worden, ihre Rachsucht um so ausgiebiger an ihm zu befriedigen. Auf welche Seite sich in dem Widerstreite der Motive die Entscheidung neigt, ob zur Aufhebung oder zur Verstärkung der Verdrängung, das ist niemals zu berechnen. Die Unfähigkeit zur Erfüllung der *realen* Liebesforderung ist einer der wesentlichsten Charakterzüge der Neurose; die Kranken sind vom Gegensatze zwischen der Realität und der Phantasie beherrscht. Was sie in ihren Phantasien am intensivsten ersehnen, davor fliehen sie doch, wenn es ihnen in Wirklichkeit entgegentritt, und den Phantasien überlassen sie sich am liebsten, wo sie eine Realisierung nicht mehr zu befürchten brauchen. Die Schranke, welche die Verdrängung aufgerichtet hat, kann allerdings unter dem Anstürme heftiger, real veranlaßter Erregungen fallen, die Neurose kann noch durch die Wirklichkeit überwunden werden. Wir können aber nicht allgemein berechnen, bei wem und wodurch diese Heilung möglich wäre.

Nachwort

Ich habe diese Mitteilung zwar als Bruchstück einer Analyse angekündigt; man wird aber gefunden haben, daß sie in viel weiterem Umfange unvollständig ist, als sich nach diesem ihrem Titel erwarten ließ. Es geziemt sich wohl, daß ich versuche, diese keinesfalls zufälligen Auslassungen zu motivieren.

Eine Reihe von Ergebnissen der Analyse ist weggeblieben, weil sie beim Abbruch der Arbeit teils nicht genügend sicher erkannt, teils einer Fortführung bis zu einem allgemeinen Resultat bedürftig waren. Andere Male habe ich, wo es mir statthaft schien, auf die wahrscheinliche Fortsetzung einzelner Lösungen hingewiesen. Die keineswegs selbstverständliche Technik, mittels welcher man allein dem Rohmaterial von Einfällen des Kranken seinen Reingehalt an wertvollen unbewußten Gedanken entziehen kann, ist von mir hier durchwegs übergangen worden, womit der Nachteil verbunden bleibt, daß der Leser die Korrektheit meines Vorgehens bei diesem Darstellungsprozeß nicht bestätigen kann. Ich fand es aber ganz undurchführbar, die Technik einer Analyse und die innere Struktur eines Falles von Hysterie in einem zu behandeln; es wäre für mich eine fast unmögliche Leistung und für den Leser eine sicher ungenießbare Lektüre geworden. Die Technik erfordert durchaus eine abgesonderte Darstellung, die durch zahlreiche, den verschiedensten Fällen entnommene Beispiele erläutert wird und von dem jedesmaligen Ergebnis absehen darf. Auch die psychologischen Voraussetzungen, die sich in meinen

Beschreibungen psychischer Phänomene verraten, habe ich hier zu begründen nicht versucht. Eine flüchtige Begründung würde nichts leisten; eine ausführliche wäre eine Arbeit für sich. Ich kann nur versichern, daß ich, ohne einem bestimmten psychologischen System verpflichtet zu sein, an das Studium der Phänomene gegangen bin, welche die Beobachtung der Psychoneurotiker enthüllt, und daß ich dann meine Meinungen um so viel zurechtgerückt habe, bis sie mir geeignet erschienen, von dem Zusammenhange des Beobachteten Rechenschaft zu geben. Ich setze keinen Stolz darein, die Spekulation vermieden zu haben; das Material für diese Hypothesen ist aber durch die ausgedehnteste und mühevollste Beobachtung gewonnen worden. Besonders dürfte die Entschiedenheit meines Standpunktes in der Frage des Unbewußten Anstoß erregen, indem ich mit unbewußten Vorstellungen, Gedankenzügen und Regungen so operiere, als ob sie ebenso gute und unzweifelhafte Objekte der Psychologie wären wie alles Bewußte; aber ich bin dessen sicher, wer dasselbe Erscheinungsgebiet mit der nämlichen Methode zu erforschen unternimmt, wird nicht umhin können, sich trotz alles Abmahnens der Philosophen auf denselben Standpunkt zu stellen.

Diejenigen Fachgenossen, welche meine Theorie der Hysterie für eine rein psychologische gehalten und darum von vornherein für unfähig erklärt haben, ein pathologisches Problem zu lösen, werden aus dieser Abhandlung wohl entnehmen, daß ihr Vorwurf einen Charakter der Technik ungerechterweise auf die Theorie überträgt. Nur die therapeutische Technik ist rein psychologisch; die Theorie versäumt es keineswegs, auf die organische Grundlage der Neurose hinzuweisen, wenngleich sie dieselbe nicht in einer pathologisch-anatomischen Veränderung sucht und die zu erwartende chemische Veränderung als derzeit noch unfaßbar durch die Vorläufigkeit der organischen Funktion ersetzt. Der Sexualfunktion, in welcher ich die Begründung der Hysterie wie der Psychoneurosen überhaupt sehe, wird den Charakter eines organischen Faktors wohl niemand absprechen wollen. Eine Theorie des Sexuallebens wird, wie ich vermute, der Annahme bestimmter, erregend wirkender Sexualstoffe nicht entbehren können. Die Intoxikationen und Abstinenzen beim Gebrauch gewisser chronischer Gifte stehen ja unter allen

Krankheitsbildern, welche uns die Klinik kennen lehrt, den genuinen Psychoneurosen am nächsten.

Was sich aber über das „somatische Entgegenkommen", über die infantilen Keime zur Perversion, über die erogenen Zonen und die Anlage zur Bisexualität heute aussagen läßt, habe ich in dieser Abhandlung gleichfalls nicht ausgeführt, sondern nur die Stellen hervorgehoben, an denen die Analyse auf diese organischen Fundamente der Symptome stößt. Mehr ließ sich von einem vereinzelten Falle aus nicht tun, auch hatte ich die nämlichen Gründe wie oben, eine beiläufige Erörterung dieser Momente zu vermeiden. Hier ist reichlicher Anlaß zu weiteren, auf eine große Zahl von Analysen gestützten Arbeiten gegeben. Mit dieser soweit unvollständigen Veröffentlichung wollte ich doch zweierlei erreichen. Erstens als Ergänzung zu meinem Buche über die Traumdeutung zeigen, wie diese sonst unnütze Kunst zur Aufdeckung des Verborgenen und Verdrängten im Seelenleben verwendet werden kann; bei der Analyse der beiden hier mitgeteilten Träume ist dann auch die Technik des Traumdeutens, welche der psychoanalytischen ähnlich ist, berücksichtigt worden. Zweitens wollte ich Interesse für eine Reihe von Verhältnissen erwecken, welche heute der Wissenschaft noch völlig unbekannt sind, weil sie sich nur bei Anwendung dieses bestimmten Verfahrens entdecken lassen. Von der Komplikation der psychischen Vorgänge bei der Hysterie, dem Nebeneinander der verschiedenartigsten Regungen, der gegenseitigen Bindung der Gegensätze, den Verdrängungen und Verschiebungen u. a. m. hat wohl niemand eine richtige Ahnung haben können. Janets Hervorhebung der *idée fixe*, die sich in das Symptom umsetzt, bedeutet nichts als eine wahrhaft kümmerliche Schematisierung. Man wird sich auch der Vermutung nicht erwehren können, daß Erregungen, deren zugehörige Vorstellungen der Bewußtseinsfähigkeit ermangeln, anders aufeinander einwirken, anders verlaufen und zu anderen Äußerungen führen als die von uns „normal" genannten, deren Vorstellungsinhalt uns bewußt wird. Ist man soweit aufgeklärt, so steht dem Verständnis einer Therapie nichts mehr im Wege, welche neurotische Symptome aufhebt, indem sie Vorstellungen der ersteren Art in normale verwandelt.

Es lag mir auch daran zu zeigen, daß die Sexualität nicht bloß als einmal auftretender *deus ex machina* irgendwo in das Getriebe der für die Hysterie charakteristischen Vorgänge eingreift, sondern daß sie die Triebkraft für jedes einzelne Symptom und für jede einzelne Äußerung eines Symptoms abgibt. Die Krankheitserscheinungen sind, geradezu gesagt, die *Sexualbetätigung der Kranken.* Ein einzelner Fall wird niemals imstande sein, einen so allgemeinen Satz zu erweisen, aber ich kann es nur immer wieder von neuem wiederholen, weil ich es niemals anders finde, daß die Sexualität der Schlüssel zum Problem der Psychoneurosen wie der Neurosen überhaupt ist. Wer ihn verschmäht, wird niemals aufzuschließen imstande sein. Ich warte noch auf die Untersuchungen, welche diesen Satz aufzuheben oder einzuschränken vermögen sollen. Was ich bis jetzt dagegen gehört habe, waren Äußerungen persönlichen Mißfallens oder Unglaubens, denen es genügt, das Wort Charcots entgegenzuhalten: „*Ça n'empêche pas d'exister.*"

Der Fall, aus dessen Kranken- und Behandlungsgeschichte ich hier ein Bruchstück veröffentlicht habe, ist auch nicht geeignet, den Wert der psychoanalytischen Therapie ins rechte

Licht zu setzen. Nicht nur die Kürze der Behandlungsdauer, die kaum drei Monate betrug, sondern noch ein anderes dem Falle innewohnendes Moment haben es verhindert, daß die Kur mit der sonst zu erreichenden, vom Kranken und seinen Angehörigen zugestandenen Besserung abschloß, die mehr oder weniger nahe an vollkommene Heilung heranreicht. Solche erfreuliche Erfolge erzielt man, wo die Krankheitserscheinungen allein durch den inneren Konflikt zwischen den auf die Sexualität bezüglichen Regungen gehalten werden. Man sieht in diesen Fällen das Befinden der Kranken in dem Maße sich bessern, in dem man durch Übersetzung des pathogenen Materials in normales zur Lösung ihrer psychischen Aufgaben beigetragen hat. Anders ist der Verlauf, wo sich die Symptome in den Dienst äußerer Motive des Lebens gestellt haben, wie es auch bei Dora seit den letzten zwei Jahren geschehen war. Man ist überrascht und könnte leicht irre werden, wenn man erfährt, daß das Befinden der Kranken durch die selbst weit vorgeschrittene Arbeit nicht merklich geändert wird. In Wirklichkeit steht es nicht so arg; die Symptome schwinden zwar nicht unter der Arbeit, wohl aber eine Zeitlang nach derselben, wenn die Beziehungen zum Arzte gelöst sind. Der Aufschub der Heilung oder Besserung ist wirklich nur durch die Person des Arztes verursacht.

Ich muß etwas weiter ausholen, um diesen Sachverhalt verständlich zu machen. Während einer psychoanalytischen Kur ist die Neubildung von Symptomen, man darf wohl sagen: regelmäßig, sistiert. Die Produktivität der Neurose ist aber durchaus nicht erloschen, sondern betätigt sich in der Schöpfung einer besonderen Art von meist unbewußten Gedankenbildungen, welchen man den Namen „*Übertragungen*" verleihen kann.

Was sind die Übertragungen? Es sind Neuauflagen, Nachbildungen von den Regungen und Phantasien, die während des Vordringens der Analyse erweckt und bewußt gemacht werden sollen, mit einer für die Gattung charakteristischen Ersetzung einer früheren Person durch die Person des Arztes. Um es anders zu sagen: eine ganze Reihe früherer psychischer Erlebnisse wird nicht als vergangen, sondern als aktuelle Beziehung zur Person des Arztes wieder lebendig. Es gibt solche Übertragungen, die sich im Inhalt von ihrem Vorbilde in gar nichts bis auf die Ersetzung unterscheiden. Das sind also, um in dem Gleichnisse zu bleiben, einfache Neudrucke, unveränderte Neuauflagen. Andere sind kunstvoller gemacht, sie haben eine Milderung ihres Inhaltes, eine *Sublimierung,* wie ich sage, erfahren und vermögen selbst bewußt zu werden, indem sie sich an irgendeine geschickt verwertete reale Besonderheit an der Person oder in den Verhältnissen des Arztes anlehnen. Das sind also Neubearbeitungen, nicht mehr Neudrucke.

Wenn man sich in die Theorie der analytischen Technik einläßt, kommt man zu der Einsicht, daß die Übertragung etwas notwendig Gefordertes ist. Praktisch überzeugt man sich wenigstens, daß man ihr durch keinerlei Mittel ausweichen kann und daß man diese letzte Schöpfung der Krankheit wie alle früheren zu bekämpfen hat. Nun ist dieses Stück der Arbeit das bei weitem schwierigste. Das Deuten der Träume, das Extrahieren der unbewußten Gedanken und Erinnerungen aus den Einfällen des Kranken und ähnliche Übersetzungskünste sind leicht zu erlernen; dabei liefert immer der Kranke selbst den Text. Die Übertragung allein muß man fast selbständig erraten, auf geringfügige Anhaltspunkte hin und ohne sich der Willkür schuldig zu machen. Zu umgehen ist sie aber nicht, da sie zur Herstellung aller Hindernisse verwendet wird, welche das

Material der Kur unzugänglich machen, und da die Überzeugungsempfindung für die Richtigkeit der konstruierten Zusammenhänge beim Kranken erst nach Lösung der Übertragung hervorgerufen wird.

Man wird geneigt sein, es für einen schweren Nachteil des ohnehin unbequemen Verfahrens zu halten, daß dasselbe die Arbeit des Arztes durch Schöpfung einer neuen Gattung von krankhaften psychischen Produkten noch vermehrt, ja, wird vielleicht eine Schädigung des Kranken durch die analytische Kur aus der Existenz der Übertragungen ableiten wollen. Beides wäre irrig. Die Arbeit des Arztes wird durch die Übertragung nicht vermehrt; es kann ihm ja gleichgültig sein, ob er die betreffende Regung des Kranken in Verbindung mit seiner Person oder mit einer anderen zu überwinden hat. Die Kur nötigt aber auch dem Kranken mit der Übertragung keine neue Leistung auf, die er nicht auch sonst vollzogen hätte. Wenn Heilungen von Neurosen auch in Anstalten zustande kommen, wo psychoanalytische Behandlung ausgeschlossen ist, wenn man sagen konnte, daß die Hysterie nicht durch die Methode, sondern durch den Arzt geheilt wird, wenn sich eine Art von blinder Abhängigkeit und dauernder Fesselung des Kranken an den Arzt zu ergeben pflegt, der ihn durch hypnotische Suggestion von seinen Symptomen befreit hat, so ist die wissenschaftliche Erklärung für all dies in „Übertragungen“ zu sehen, die der Kranke regelmäßig auf die Person des Arztes vornimmt. Die psychoanalytische Kur schafft die Übertragung nicht, sie deckt sie bloß, wie anderes im Seelenleben Verborgene, auf. Der Unterschied äußert sich nur darin, daß der Kranke spontan bloß zärtliche und freundschaftliche Übertragungen zu seiner Heilung wachruft; wo dies nicht der Fall sein kann, reißt er sich so schnell wie möglich, unbeeinflußt vom Arzte, der ihm nicht „sympathisch“ ist, los. In der Psychoanalyse werden hingegen, entsprechend einer veränderten Motivenanlage, alle Regungen, auch die feindseligen, geweckt, durch Bewußtmachen für die Analyse verwertet, und dabei wird die Übertragung immer wieder vernichtet. Die Übertragung, die das größte Hindernis für die Psychoanalyse zu werden bestimmt ist, wird zum mächtigsten Hilfsmittel derselben, wenn es gelingt, sie jedesmal zu erraten und dem Kranken zu übersetzen.

Ich mußte von der Übertragung sprechen, weil ich die Besonderheiten der Analyse Doras nur durch dieses Moment aufzuklären vermag. Was den

Vorzug derselben ausmacht und sie als geeignet für eine erste, einführende Publikation erscheinen läßt, ihre besondere Durchsichtigkeit, das hängt mit ihrem großen Mangel, welcher zu ihrem vorzeitigen Abbruche führte, innig zusammen. Es gelang mir nicht, der Übertragung rechtzeitig Herr zu werden; durch die Bereitwilligkeit, mit welcher sie mir den einen Teil des pathogenen Materials in der Kur zur Verfügung stellte, vergaß ich der Vorsicht, auf die ersten Zeichen der Übertragung zu achten, welche sie mit einem anderen, mir unbekannt gebliebenen Teile desselben Materials vorbereitete. Zu Anfang war es klar, daß ich ihr in der Phantasie den Vater ersetzte, wie auch bei dem Unterschiede unserer Lebensalter nahelag. Sie verglich mich auch immer bewußt mit ihm, suchte sich ängstlich zu vergewissern, ob ich auch ganz aufrichtig gegen sie sei, denn der Vater „bevorzuge immer die Heimlichkeit und einen krummen Umweg". Als dann der erste Traum kam, in dem sie sich warnte, die Kur zu verlassen wie seinerzeit das Haus des Herrn K., hätte ich selbst gewarnt werden müssen und ihr vorhalten sollen: „Jetzt haben Sie eine Übertragung von Herrn K. auf mich gemacht. Haben Sie etwas bemerkt, was Sie auf böse Absichten schließen läßt, die denen des Herrn K. (direkt oder in irgendeiner Sublimierung) ähnlich sind, oder ist Ihnen etwas an mir aufgefallen oder von mir bekannt geworden, was Ihre Zuneigung erzwingt, wie ehemals bei Herrn K.?“ Dann hätte sich ihre Aufmerksamkeit auf irgendein Detail aus unserem Verkehre, an meiner Person oder an meinen Verhältnissen gerichtet, hinter dem etwas Analoges, aber ungleich Wichtigeres, das Herrn K. betraf, sich verborgen hielt, und durch die Lösung dieser Übertragung hätte die Analyse den Zugang zu neuem, wahrscheinlich tatsächlichem Material der Erinnerung gewonnen. Ich überhörte aber diese erste Warnung, meinte, es sei reichlich Zeit, da sich andere Stufen der Übertragung nicht einstellten und das Material für die Analyse noch nicht versiegte. So wurde ich denn von der Übertragung überrascht, und wegen des X, in dem ich sie an Herrn K. erinnerte, rächte sie sich an mir, wie sie sich an Herrn K. rächen wollte, und verließ mich, wie sie sich von ihm getäuscht und verlassen glaubte. Sie *agierte* so ein wesentliches Stück ihrer Erinnerungen und Phantasien, anstatt es in der Kur zu reproduzieren. Welches dieses X war, kann ich natürlich nicht wissen: ich vermute, es bezog sich auf

Geld, oder es war Eifersucht gegen eine andere Patientin, die nach ihrer Heilung im Verkehre mit meiner Familie geblieben war. Wo sich die Übertragungen frühzeitig in die Analyse einbeziehen lassen, da wird deren Verlauf undurchsichtig und verlangsamt, aber ihr Bestand ist gegen plötzliche unwiderstehliche Widerstände besser gesichert.

In dem zweiten Traume Doras ist die Übertragung durch mehrere deutliche Anspielungen vertreten. Als sie ihn mir erzählte, wußte ich noch nicht, erfuhr es erst zwei Tage später, daß wir nur noch *zwei Stunden* Arbeit vor uns hatten, dieselbe Zeit, die sie vor dem Bilde der Sixtinischen Madonna verbracht und die sie auch vermittelst einer Korrektur (zwei Stunden anstatt zweieinhalb Stunden) zum Maße des von ihr nicht zurückgelegten Weges um den See gemacht hatte. Das Streben und Warten im Traume, das sich auf den jungen Mann in Deutschland bezog und von ihrem Warten, bis Herr K. sie heiraten könne, herstammte, hatte sich schon einige Tage vorher in der Übertragung geäußert: Die Kur dauere ihr zu lange, sie werde nicht die Geduld haben, so lange zu warten, während sie in den ersten Wochen Einsicht genug gezeigt hatte, meine Ankündigung, ihre volle Herstellung werde etwa ein Jahr in

Anspruch nehmen, ohne solchen Einspruch anzuhören. Die Ablehnung der Begleitung im Traume, sie wolle lieber allein gehen, die gleichfalls aus dem Besuche in der Dresdener Galerie herrührte, sollte ich ja an dem hiefür bestimmten Tage erfahren. Sie hatte wohl den Sinn: Da alle Männer so abscheulich sind, so will ich lieber nicht heiraten. Dies meine Rache.

Wo Regungen der Grausamkeit und Motive der Rache, die schon im Leben zur Aufrechthaltung der Symptome verwendet worden sind, sich während der Kur auf den Arzt übertragen, ehe er Zeit gehabt hat, dieselben durch Rückführung auf ihre Quellen von seiner Person abzulösen, da darf es nicht Wunder nehmen, daß das Befinden der Kranken nicht den Einfluß seiner therapeutischen Bemühung zeigt. Denn wodurch könnte die Kranke sich wirksamer rächen, als indem sie an ihrer Person dartut, wie ohnmächtig und unfähig der Arzt ist? Dennoch bin ich geneigt, den therapeutischen Wert auch so fragmentarischer Behandlungen, wie die Doras war, nicht gering zu veranschlagen.

Erst fünf Vierteljahre nach Abschluß der Behandlung und dieser Niederschrift erhielt ich Nachricht von dem Befinden meiner Patientin und somit von dem Ausgange der Kur. An einem nicht ganz gleichgültigen Datum, am 1. April – wir wissen, daß Zeiten bei ihr nie bedeutungslos waren – erschien sie bei mir, um ihre Geschichte zu beenden und um neuerdings Hilfe zu erbitten: ein Blick auf ihre Miene konnte mir aber verraten, daß es ihr mit dieser Bitte nicht ernst war. Sie war noch vier bis fünf Wochen, nachdem sie die Behandlung verlassen, im „Durcheinander", wie sie sagte. Dann trat eine große Besserung ein, die Anfälle wurden seltener, ihre Stimmung gehoben. Im Mai des jetzt vergangenen Jahres starb das eine Kind des Ehepaares K., das immer gekränkelt hatte. Sie nahm diesen Trauerfall zum Anlasse, um den K. einen Kondolenzbesuch zu machen, und wurde von ihnen empfangen, als ob in diesen letzten drei Jahren nichts vorgefallen wäre. Damals söhnte sie sich mit ihnen aus, nahm ihre Rache an ihnen und brachte ihre Angelegenheit zu einem für sie befriedigenden Abschlusse. Der Frau sagte sie: Ich weiß, du hast ein Verhältnis mit dem Papa, und diese leugnete nicht. Den Mann veranlaßte sie, die von ihm bestrittene Szene am See zuzugestehen, und brachte diese sie rechtfertigende Nachricht ihrem Vater. Sie hat den Verkehr mit der Familie nicht wieder aufgenommen.

Es ging ihr dann ganz gut bis Mitte Oktober, um welche Zeit sich wieder ein Anfall von Stimmlosigkeit einstellte, der sechs Wochen lang anhielt. Über diese Mitteilung überrascht, frage ich, ob dafür ein Anlaß vorhanden war, und höre, daß der Anfall an ein heftiges Erschrecken anschloß. Sie mußte zusehen, wie jemand von einem Wagen überfahren wurde. Endlich rückte sie damit heraus, daß der Unfall keinen anderen als Herrn K. betroffen hatte. Sie traf ihn eines Tages auf der Straße; er kam ihr an einer Stelle lebhaften Verkehres entgegen, blieb wie verworren vor ihr stehen und ließ sich in der Selbstvergessenheit von einem Wagen niederwerfen. Sie überzeugte sich übrigens, daß er ohne erheblichen Schaden davonkam. Es rege sich noch leise in ihr, wenn sie von dem Verhältnisse des Papas zu Frau K. reden höre, in welches sie sich sonst nicht mehr menge. Sie lebe ihren Studien, gedenke nicht zu heiraten.

Meine Hilfe suchte sie wegen einer rechtsseitigen Gesichtsneuralgie, die jetzt Tag und Nacht anhalte. Seit wann? „Seit genau vierzehn Tagen.“– Ich mußte lächeln, da ich ihr nachweisen konnte, daß sie vor genau vierzehn Tagen eine mich betreffende Nachricht in der Zeitung gelesen, was sie auch bestätigte (1902).

Die angebliche Gesichtsneuralgie entsprach also einer Selbstbestrafung, der Reue wegen der Ohrfeige, die sie damals Herrn K. gegeben, und der daraus auf mich bezogenen Racheübertragung. Welche Art Hilfe sie von mir verlangen wollte, weiß ich nicht, aber ich versprach, ihr zu verzeihen, daß sie mich um die Befriedigung gebracht, sie weit gründlicher von ihrem Leiden zu befreien.

Es sind wiederum Jahre seit dem Besuche bei mir vergangen. Das Mädchen hat sich seither verheiratet, und zwar mit jenem jungen Manne, wenn mich nicht alle Anzeichen trügen, den die Einfälle zu Beginn der Analyse des zweiten Traumes erwähnten. Wie der erste Traum die Abwendung vom geliebten Manne zum Vater, also die Flucht aus dem Leben in die Krankheit bezeichnete, so verkündete ja dieser zweite Traum, daß sie sich vom Vater losreißen werde und dem Leben wiedergewonnen sei.